香港威海衞警察口述歷史

香港威海衛警察口述歷史

劉智鵬 劉蜀永 主編

CITY UNIVERSITY OF
HONG KONG PRESS
香港城市大學出版社

統　籌	陳小歡	
實習編輯	張倩瑩（香港城市大學亞洲及國際學系四年級）	
封面設計	蕭慧敏	*Création*
排　版	高寶儀	城大創意製作

國際統一書號：978-962-937-381-8

出版

香港城市大學出版社
香港九龍達之路
香港城市大學
網址：www.cityu.edu.hk/upress
電郵：upress@cityu.edu.hk

An Oral History of the Wei Hai Wei Police Force in Hong Kong
(in traditional Chinese characters)

ISBN: 978-962-937-381-8

First published 2018
Second printing 2019

Published by

City University of Hong Kong Press
Tat Chee Avenue
Kowloon, Hong Kong
Website: www.cityu.edu.hk/upress
E-mail: upress@cityu.edu.hk

Printed in Hong Kong

目錄

編者序

香港威海衞警察是香港警隊一個特殊的群體。他們的警隊生涯與香港社會的變遷息息相關,極具傳奇色彩,是多元化香港社會的一個側面。

中國在甲午戰爭戰敗後,列強在華掀起瓜分狂潮。1898年,香港新界和山東威海衞相繼被英國租佔,成為英國在華兩大租借地。南方的香港與北方的威海衞在自然氣候與風土人情方面差異甚大,但在相同的歷史背景下,兩地卻就此結緣。

早期香港警隊由英警、印警和華警組成。第一次世界大戰結束後,印度民族解放運動高漲,導致了1919年發生了「阿姆利則慘案」[1]。香港的印度籍警察受到影響,產生了強烈的反英情緒,使港府對其可靠性產生懷疑。1922年爆發的海員大罷工使香港迅間陷入癱瘓。罷工過後,港府對華警產生強烈不滿,認為因為華警的同情和包庇,港府才未能搜獲煽動罷工者的任何資訊[2]。

由於印度警察和本地華警的忠誠受到懷疑,香港政府不惜遠隔千里,於1922年前往威海衞招募香港警員,威海人赴港從警的歷史由此開始。接下來的數十年,一批又一批的威海人在老鄉的影響下加入香港警隊,這些來自山東威海及鄰近地區的香港警察被稱為「威海衞警察」。

---

[1] 1919年4月13日,英國人指揮的軍隊向印度人民開槍而引發的屠殺事件,造成過千人傷亡。

[2] Norman Miners, "The Localization of the Hong Kong Police Force, 1842-1947," *The Journal of Imperial and Commonwealth History* 18, no. 3 (1990): 309.

威海衞警察的管理自成體系，主要被派駐衝鋒隊、交通部，以及港督府、山頂警署等重要部門及地方。由於山東人身材高大，警隊特別喜歡讓他們擔當「儀仗隊」的角色，也會由他們在交通熱點站崗指揮交通。

威海衞警察作為香港警隊的骨幹力量，曾在不同歷史時期為香港社會作出貢獻。他們在香港抵抗日本入侵，以及維護社會治安、道路安全等方面，發揮過重要作用。不少威海衞警察的後人繼承父輩的衣缽，時至今日依然在香港警隊服務，為維護一國兩制和香港的繁榮穩定貢獻力量。

內地改革開放以後，不少香港威海衞警察出於濃濃的鄉情，重歸故里探望親朋，或對內地的警務建設提出改進意見，或協助招商引資。威海衞警察是香港與威海共有的歷史人文資源。

本書是一本口述歷史書籍，大部分是香港威海衞警察的親身經歷，少部分是他們後人的回憶。書中敍述的內容具有相當的史料價值，不僅是香港警隊歷史的一部分，也在一定程度上折射出香港社會和中國社會的發展狀況。

劉智鵬　劉蜀永
2018年10月25日

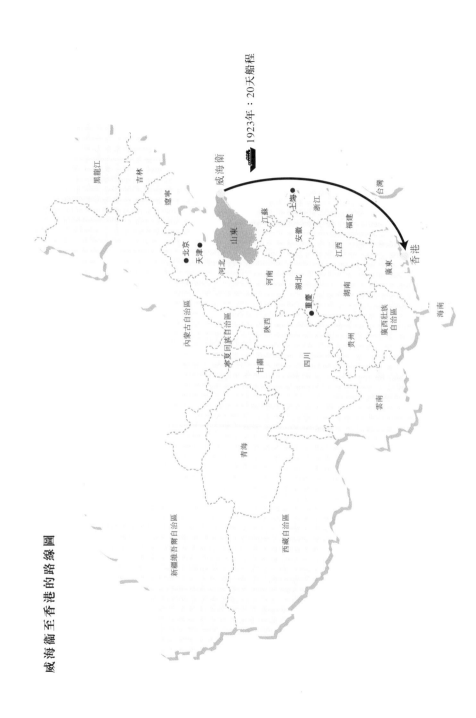

威海衛至香港的路線圖

1923年：20天船程

1972年香港警隊改革前的警察職級

職級	職位	俗稱
憲委級 主要由英籍人士擔任	處長 (Commissioner of Police, CP)	一哥
	副處長 (Deputy Commissioner of Police, DCP)	
	高級警司 (Senior Superintendent of Police, SS)	一拖一
	警司 (Superintendent of Police, SP)	老巡、風車
官佐級 主要由英籍人士擔任	總督察 (Chief Inspector of Police, CIP)	總幫、注粒、三粒花
	高級督察 (Senior Inspector of Police, SIP)	大幫、兩粒一瓣
	督察 (Inspector of Police, IP)	幫辦、雷粒、兩粒花
	見習督察 (Probationary Inspector of Police, PI)	見習幫、豬仔幫、一粒花
員佐級 主要由本地、印籍、魯籍人士擔任	高級警長（甲級）(Staff Sergeant I) 1972年警隊職級改制，取消高級警長，全部高級警長轉為警署警長	總咩、總咩喳、總警長、老總、新郎哥
	高級警長（乙級）(Staff Sergeant II) 1972年警隊職級改制，取消高級警長，全部高級警長轉為警署警長	咩喳、士沙／時沙、雞仔餅
	警長 (Sergeant, SGT)	沙展、三劃、三柴
	警目 (Police Corporal, CPL) 1972年警隊職級改制，取消警目，全部警目轉為警長	兩劃、兩柴
	警員 (Police Constable, PC)	散仔

香港
威海衞警察
口述歷史

前言：香港威海衛警察歷史概要

　　因為歷史緣故，部分山東威海衛人士曾經成為香港警隊成員，被稱為香港威海衛警察。他們的警隊生涯為威港兩地留下了具有獨特內涵的歷史文化符號。

香港政府招聘威海衛警察緣由

　　香港警隊於1844年正式成立，是世界上歷史最悠久且最專業的警隊之一。由於香港政府認為外來者比本地人可靠，所以從成立到二戰結束後，香港警隊一直奉行華洋分治和非本地化政策，寧願從歐洲、印度、麻六甲（今稱馬六甲）和馬來西亞等地招聘外籍警察，也不願意就地聘用華警。歷史上，香港警隊長期以英籍和印度籍警員為骨幹構成，輔以華籍警員。其中，英警被香港政府視為警隊中的精英，可惜他們不熟悉當地民情和語言。印警尊重歐洲人，服從英國人指揮，基本上很可靠，但是缺乏機智。華警沒有語言障礙，熟悉當地風俗民情，但香港政府卻對他們的忠誠度有所懷疑。在地位上，英警最高，印警次之，而華警則是最低。[1]

　　第一次世界大戰期間，英國將印度帶入戰爭的深淵，令英印之間的矛盾加深，香港的印度籍警察也受到影響，產生了強烈的反英情緒。戰爭結束後，印度民族解放運動更趨高漲，最終導致1919年阿姆利則慘案[2]的發生。在此形勢下，香港政府

---

[1] 余繩武、劉存寬主編：《十九世紀的香港》（香港：麒麟書業有限公司，1994），頁197。

[2] 1919年4月13日，英國人指揮的軍隊向印度人民開槍而引發的屠殺事件，造成過千人傷亡。

更質疑印度籍警員的可靠性，以粵籍本地人為主的華警力量因而迅速擴張。1922年，陸上華警達595人，佔警隊總人數的48%，達至歷史新高。但是，自辛亥革命後，中國陷入連年戰亂，逐漸波及到香港的社會秩序。進入1920年代，香港接連發生海員大罷工和省港大罷工，令香港社會和經濟受到沉重打擊，其中1922年的海員大罷工導致香港陷入癱瘓。香港政府認為，許多勞工亚非自願參與罷工，只是因為華警的同情和庇護，他們才未能搜獲關於煽動組織者的任何資訊，進而對華警產生強烈不滿。[3]在印度籍和粵籍警員忠誠度受到懷疑的情況下，香港政府將目光投向華北英國租借地威海衛。

1898年，威海衛和香港新界相繼被英國租佔，成為其在華的兩大殖民地，兩地就此結緣，往來亦日趨頻繁。政治上，威海衛的管治模式主要以香港作為藍本，兩地也經常調任高級官員。經濟方面，威海衛參照香港的模式，實行自由港政策，香港華資也成為威海衛當局仰仗的最大外資來源。軍事上，香港為英國皇家海軍中國艦隊指揮基地，威海衛則成為其暑期軍訓療養基地。如此密切而廣泛的往來，以及英國軍政當局在威海衛的一系列作為，令香港各界有足夠的時間和機會，充分了解威海衛乃至山東和華北地區的風土民情。

1904年中英簽訂《中英保工章程》後，英方在華北地區大規模招工赴南非開採金礦，招工人員和赴南非管理華工的人員大多從威海衛行政當局和駐軍中調任，南非英資企業也在威海衛建立苦力營，開展招工行動。此舉使英方對華北巨大的人力資源潛力有所認識。1916年至1918年，英國陸軍部以威海衛為基地，招募華工赴歐協助參戰，威海衛成為參戰華工招聘中最大的輸出地，戰後英國軍政當局對自威海衛招募華工的表現讚譽不絕。此外，香港有很多英籍政府官員和警官回國參戰，由於他們了解中國語言及風俗，於是便參與管理華工，進而對

3　Norman Miners, "The Localization of the Hong Kong Police Force, 1842-1947," *The Journal of Imperial and Commonwealth* History 18, no. 3 (1990): 309.

以山東人為主體的華北勞工有直接的接觸和了解。通過這次行動，山東人在英國人心目中的地位大為提高。[4]

從政治角度看，作為當時的英國租借地，英方在威海衞幾乎可以自行其是；而在華盛頓會議上，英國首次確認將威海衞歸還予中國，當地既有的警務力量便面臨着何去何從的問題。開埠之後，許多威海衞人外出為外僑和英國軍政當局工作，安土重遷的傳統觀念日漸式微，客觀上為威海衞人赴港從警提供相應的社會基礎。同等重要的是，由於語言和風土上的巨大差異，北方人與廣東人之間形成一道天然的隔膜，不會輕易受到粵港兩地廣東族群的政治和社會影響，正好符合香港政府一貫採用非本地化和分而治之的管制策略。正是基於上述經驗及現實的綜合考慮，香港政府最終於1922年決定以威海衞為基地招聘警員，從此開啟威海衞人赴港從警的歷史。

威海衞警察招聘經過

1922年4月，香港總督司徒拔（Reginald Stubbs）致電殖民大臣邱吉爾（Winston Churchill）提及招聘威海衞警察的設想。不久後，他又指派警察總監胡樂甫（Edward Wolfe）率隊赴威海衞調查招聘警員的可行性。胡樂甫以前曾在煙台為英資企業的代理招工人員，招募了數千個華工前往南非金礦工作。這些經歷不僅使胡樂甫會說當地方言，而且在膠東半島建立了良好的關係網絡。他了解山東人的性格，認為山東人是當警員的最佳人選。有歷史資料證實，招聘威海衞警察擔任香港警務，最初正是出自他的建議。[5]

第一批從威海衞招聘的警員乘「貴州」號輪船於1923年3月20日抵達香港。3月22日，他們在尖沙嘴的太古碼頭接受港

---

[4] 〈軍人加入香港警隊情況（三）〉，轉載《警聲》第683期，2000年7月。
[5] 同上註。

督檢閱，同年再有兩批人員到港，[6]其中1924年8月1日抵達香港的一批人數最多，包括102名警員和5名翻譯。1924年底，威海衛籍警員已增至275人，約佔當時香港警隊總人數的五分之一。

　　自威海衛招聘的警員到達香港後，他們被警隊授以「威海衛警察」的番號，管理亦與華警有別。1926年，香港警隊依籍貫將警員分為不同組別，在警員的編號前加上相應的英文字母作區別。其中A組代表歐洲籍警員，B組為印度籍警員，C組代表香港本地招聘的粵籍警員，威海衛警察則被列為警隊第四組，在番號前面加上字母「D」。1930年代初又增加E組，代表專門從事押船工作的俄羅斯籍警員，他們是從上海英租界借調過來，人數極少。

---

[6]　*The Hong Kong Telegraph*, March 22, 1923.

1936年，威海衛警察與遊客在域多利亞山頂纜車總站夏力道入口合影。當時警察不得穿着全套制服拍照，但在遊客邀請下作為拍攝背景，則不受此限。

在英治時代，威海衞警察的招聘有時候直接由威海衞行政當局代表香港政府協助打理。香港警方通常會派一位外籍警官及兩三位訓練教官，外加一位會說威海衞地方方言及英語的翻譯到威海衞從事招聘工作。應聘人員以普通威海衞人構成，但也有一些曾任職於威海衞警隊的人員。譬如1923年，威海衞警隊中就有21名士官和警員轉調到香港警隊。

1945年，英國恢復對香港的管治之後，香港警察逐漸變得本地化，但威海衞人高大魁梧且能嚴守紀律，警隊仍熱心招聘威海衞警察。可惜中國內戰及政權易手後，香港警方只能從移居香港的威海衞人及現役警察的家庭成員中招聘威海衞警察。

1949年以後，內地移民大量湧入香港，他們或投身警察，或到其他紀律部隊服役，導致大量山東內地及外省籍人士自稱威海衞人投考威海衞警察。由於報考此類警察必須是威海衞人，所以威海衞地理經驗很重要，譬如威海衞方言就成為重要的考核環節。結果，不少人雖然順利通過身高初選、面試印象良好，最後卻因為未能聽懂考官的威海衞地方方言而被拒諸門外。由於報考者眾，由1950年至1953年，威海衞警察人數達到一千多名，是人數最多的時期，佔當時香港警隊總編制的五分之一。1964年，香港警隊人事重組，考慮到威海衞警隊久無新血加入，更要關心1950年代後入職、年輕威海衞警員的前途，香港警隊在1964年4月1日，將華籍警察混編，威海衞警察作為香港警隊獨立警員門類的歷史始告結束。此後仍然不斷有威海籍人士加入警隊或其他紀律部隊，服務香港至今。

威海衞警察的工作及表現

威海衞警察作為香港警隊的骨幹力量，曾在不同歷史時期為香港社會作出貢獻。他們在香港抵抗日本入侵，以及維護社會治安、道路安全等方面，皆發揮過重要作用。

威海衞警察大多來自農村，存在語言障礙，戰前威海衞警察一般被派往新界邊陲地區駐守，後來逐步加入交通部及衝鋒

隊。交通部於1914年成立，當時香港的交通系統並不完善，各類交通指揮設施樣樣俱缺，警察指揮交通時，經常要日曬雨淋，極為辛苦，非體格強健者實在難以勝任，加之社會人口激增，而又缺乏現代交通觀念，要維持交通管制實非易事。因此，身材高大、身強體壯的威海衞警察深受警隊青睞。衝鋒隊於1927年成立，專責應付騷亂、緊急事故、嚴重罪案及自然災害，並負責押款、押解犯人和機動巡邏，是當時警隊專打頭陣的精銳部隊，直屬總地區指揮官指揮。在第二次世界大戰之後，交通部及衝鋒隊是香港警隊的骨幹，其成員幾乎全部是威海衞警察。[7]

香港自開埠後，香港政府就在城市佈局中推行種族隔離、華洋分居的政策，使得當地居民從一開始就分成了涇渭分明的兩大社區，即是華人社區和歐人社區。由於外籍人士對身材魁梧、品格單純的威海衞警察有好感，當時歐洲人聚居區及重要商業區的警務工作也主要由威海衞警察負責，特別是負責護衞上層歐洲人專屬居住區的山頂區警署，長期清一色的由威海衞警察駐守；而港督府、立法局、郵政局、水塘等重要官方機構和公共設施更是首選威海衞警察守衞。

除了維護香港本地治安外，威海衞警察還一度承擔過商船護衞任務，時稱「護航勇」。海上貿易是香港早期經濟的生命線，但其海上航線經常被海盜侵擾，所以在1929年之前，從香港駛往內地沿海及東南亞等地的外籍商船，都會租賃英軍護航。到1929年底，儘管海盜問題日益嚴重，英軍卻決定不再為駛離香港的船隻護航。應英國政府的要求，香港政府決定由香港警方組建專門的反海盜護航隊，接替軍方的護航職責，費用由包租警察的輪船公司承擔。當時參加過反海盜部隊的有英國籍警官、印度籍警員、上海英租界借調來的少量白俄警察及威海衞警察，但在人數上，威海衞警察始終佔大多數，是反海盜部隊中名副其實的骨幹力量。在分工上，

7　〈神槍手楊國威督察談魯警今昔〉，載《警聲》第50期，1974年12月。

威海衞警察主要護衞英國籍商船，每艘船的護航隊一般由一名白俄籍士官和六名（或四名）威海衞警察組成，此項任務直到太平洋戰爭後才結束。[8]

威海衞警察從事的工作都是一些十分重要但卻極為枯燥艱險的崗位。威海衞警察憑藉高大魁梧的體形和傑出的儀容，在警隊內充當了「儀仗隊」的角色。他們在教授步操、射擊和指揮交通方面均有出色表現，並在平息動亂或衝突時提供了莫大支援。以威海衞警察為主體的反海盜部隊於1930年代在剿滅海盜方面也發揮了作用，所有航運公司都非常滿意，不但效率高而且比軍方成本低很多，[9]有力地保障香港對外貿易路線的暢通。

威海衞警察的操守也有值得稱道之處。香港自開埠到1970年代初期，政府部門貪污現象非常普遍，警隊尤為嚴重。因此，1974年香港政府設立廉政公署，全面打擊香港社會上的貪污行為，但極少發現有威海籍警察涉及廉署調查。

1950年代前後進入香港警界的威海衞警察受教育程度有所提高，其中有些人多才多藝，工作更富主動性、創造性，並逐漸在警隊各種警種當中脫穎而出。譬如原籍威海谷家疃的谷迅昭在上海完成高中學業後，1949年來到香港，1952年成功投考威海衞警察。自警校畢業後，他因擅長美術繪畫而在交通部如魚得水，協助設計並選定香港第一條斑馬線，由他提議並直接設計的機動車車牌更獲得英國專利，並在香港沿用至今。威海衞警察也秉承先輩誠實守信及忠於職守的傳統。譬如祖籍威海南竹島村的姜樹莊，他是香港警校戰後第一期威海衞警察，後任警署警長長達二十多年。此人執法極為嚴格，即便對於同鄉也不留情面，人稱「大笨象」，他在香港警隊中擁有很高的知名度。

---

8 〈軍人加入香港警隊情況（五）〉，轉載《警聲》第688期，2000年9月。
9 同上註。

威海衛警察在香港的成長發展，也可反映在職級變遷上。香港警察的職級可概括歸類為三級，即憲委級（警司以上）、督察級（見習督察至總督察）和員佐級（警員至「咩喳」，即警署警長），分別對應着高級警官、警官和初級警務人員的級別。

早期警隊的成員雖然包含多個種族，但他們的職位卻因香港政府統治政策而有所不同。屬於管理階層的職位，基本全部由英國籍和來自英聯邦國家，以及英屬殖民地的外籍人士擔任；至於華人，最高級也不過是警長而已，能出任督察的情況極為罕見。雖然和粵籍警察相比，威海衛警察被視為海外僱員，且在警隊制定的威海衛警察《服務規則》中設置督察的最高職位，但在二戰之前，由於警隊並未確立由警員逐漸升遷至督察的內部晉升機制，加上職位有限，威海衛警察幾乎沒有可能升遷到管理層；而來自南竹島村的姜仁毓是少數的例外。他在一戰期間曾任赴歐擔任華工翻譯，1924加入香港警隊，是威海衛警察中的第一位督察。

在外國人獨攬警隊官佐級職位的情況下，威海衛警察的發展空間基本上只剩下員佐級序列裏努力向上。按照相關規條，威海衛警察的升遷按照其服務年期、品行端方、通曉方言及學識而定，事實上有不少人日後都能晉升至警長職級，也有很多出任俗稱「咩喳」的警署警長。值得一提的是，早期入職的威海衛警察雖然大多未能在仕途上有很大發展，但由於和社會有着直接而緊密的接觸，他們在基層警務建設上頗有建樹；而且，在1970年代初期前的警隊架構中，他們的實權並不小。以總警長的職位為例，作為警隊員佐級人員中最高的職級，他們深受基層警員的尊重，在1970年代警隊改制之前，警隊日常的行動指揮權和職位調派權基本上全由他們掌控，實際地位特別崇高。雖然，名義上他們要受官佐級的督察及洋警司的領導，但實際上他們作為兵頭，卻有本事讓他們覺得不順眼的官佐級警官吃苦頭。祖籍威海城裏的柏華禮就曾出任此職，他於1939年因家貧而赴港從警，柏華禮處事靈活、為人仗義且勤奮上

進，曾成為香港警隊最有實權的12個總警長中唯一的威海人，其人緣與聲望遠超同期出任官佐級的威海老鄉。

1960年代之後，威海衞警察職級晉升困難的局面開始有所改變，不僅出現警司級以上的高級警官，任職總督察級的也不少，至於任高級督察及督察則更多，而且都是從最底層的警員入職。這種轉變固然有籍貫不同的警察混編所帶來升級機會、警隊本地化政策的推行等諸多原因，也與威海衞警察自身勤奮上進、表現優異有關。威海衞警察和本地族群、社區較為疏離，平時沒有太多的娛樂消遣，工餘時間大都勤奮進修，以博取晉升機會。譬如高級警司高俊，當年就是一邊工作，一邊到夜校求學，最終成為中第一名考取執業大律師資格的華籍警務人員，被視為香港警員的典範。任職員佐級的威海衞警察同樣有着不俗的表現，曾任警署警長的吳傳忠就是好例子。吳傳忠於1955年考取威海衞警察，他在服役的35年中曾任職於多個警務部門，先後68次獲得不同級別的褒獎，由他提議並參與設計的新式警服曾獲國際好評。1982至1984年，吳傳忠任香港基層警務人員的維權組織員佐級協會主席期間，在加強與管理層溝通、維護基層警員權益方面付出良多。

鄉梓情懷

作為威海人移民海外的先行者，威海衞警察札根香港、心繫故土，家國情懷與責任擔當滲入血液。一位移居巴西的威海衞警察後代，帶着剛滿周歲的長子回到香港，然後讓他一路手捧着爺爺的骨灰回到巴西，目的是讓孩子從小就牢記：「自己根在哪裏，不忘前人辛苦。」一位在威海衞警察裏連升四級的警察，16歲就到香港闖蕩，因為是獨生子，沒有兄弟姊妹，所以一力承擔供養父母的責任。再以前文所述吳傳忠為例，他在1950年來到香港後，先後在偉倫紗廠工作，學過飛機、汽車修理，每月薪水100元，但他曾經三個月只花了兩毛半，因為每隔一個月，他就要向威海寄回100元接濟父母親人。

吳傳忠等人的經歷只是香港威海衞警察的一個縮影而已，在封閉的時代，他們是各自家庭賴以度過種種困難的支柱；在開放時代，出於濃濃的鄉情，他們又為兩地各領域的交流合作各盡所能，成為名副其實的橋樑和紐帶。

　　發揮所長對內地的警務提出改進意見，是威海衞警察重回故里時經歷最多的事情，且大多直言不諱。譬如前文所述谷迅昭先生第二次回鄉路過濟南時，曾向山東公安部門重要領導坦白表示，覺得內地警察在警容警貌上不合格，並詳細介紹香港警隊的經驗。

　　另外，威海衞警察及其親友和後人為內地公益慈善事業的奉獻也頗為矚目。據統計，1978至2007年末，威海地區接受來自海外的捐贈款物中，香港一地就佔了52.5%。

　　如今香港是威海的第二大外資來源地，多年來穩居山東利用外資首位，其中從改革開放初期對各類訪港團組的穿針引線、鋪路架橋，到後期出任各地政府經濟顧問，對家鄉經濟建設和社會進步建言獻策，威海衞警察群體也是貢獻良多。

薪火相傳

　　受親友和老鄉影響，許多威海衞警察的後代也加入香港警隊服役，以至出現許多一家數代都在警隊服役的現象。香港回歸以後，許多威海衞警察的後人仍然活躍於香港警隊和其他紀律部隊，繼續服務香港社會。

　　原籍威海靖子村的谷慶玉1947年到香港後，於1952年考為威海衞警察，後長期在警校任職駕駛教練，同為威海人的谷太太則在警務處做電話接線員，女兒於同為紀律部隊的入境事務處工作，兒子則為現任警署警長。

　　戚本忠先生原籍威海戚家夼，舅姥爺和幾個舅舅都是威海衞警察。戚本忠本人在1957年生於香港，在加拿大完成高中至研究生的學業。受舅舅影響，他1982年考入香港警隊，長期

從事刑事情報工作，是現役警隊中資歷最深的反恐談判專家之一，1998至2002年曾任香港特首董建華的榮譽副官。

除一直定居香港者外，尚有許多威海衞警察退役後舉家二次移民到歐美和澳洲等地，成為威海和山東新一代的海外華僑。其中有些人的後代繼續投身於移居國的警界，譬如現居加拿大的苗延建先生。苗先生的父親苗華增是威海孫家疃人，後在香港威海衞警察中任警長，他1973年退役後，於1974年攜全家移民加拿大。苗延建先生則於1976年加入多倫多警隊，先服務於軍裝部，1980年調到刑事偵緝部，負責亞裔犯罪調查，因表現出色獲得加拿大警察功績勳銜，是目前唯一獲此殊榮的加拿大華人。

張軍勇
威海市劉公島管委會副主任
前威海市檔案局副局長、威海市地方志辦公室副主任

警隊生涯

谷迅昭在交通總部負責設計交通標誌、路標及道路行駛手冊等。

家鄉永遠是最美的

谷迅昭 1952年入伍

受訪日期及地點：**2010年3月31日於沙田大會堂**

我在1931年5月20日出生於威海衛谷家疃，父親谷源澤是西餐廚師，以前在威海的飯店、酒樓和大戶人家中工作。我的母親是徐家疃人，雖然紮腳，但個子很高，所以我們兄弟姊妹，包括我的子女都一樣很高。我的父母親都是勤勞僕實、安分守己的人，相處得很融洽，當年我們家在谷家疃名聲很好。

我五歲就到文泉小學唸書，在家鄉的童年生活是我人生的黃金時代。威海自從民國以來，各方面都很先進，文泉小學也是走在時代尖端的學校。威海「內無大江大河，外無客水入境」，所以水很珍貴。我們谷家疃八百多戶，只有四口水井，洗鍋、洗衣服用過的髒水還要拿去澆花澆樹。我放學回家，就去幫家裏挑水，雖然辛苦，但是路上可以抓蚱蜢，也很有趣。

日本侵華被迫逃往上海

可惜小學唸了幾年，日本人就來了，文泉小學變成了日本小學，我們全校學生被趕到天后宮去。我爸爸不肯服務日本軍頭，所以就回家不做了。日本人威脅谷家疃裏的人，要父親繼續工作，父親沒辦法就回去了。為什麼他願意替英國人工作而不替日本人工作？爸爸告訴我，英國人很尊重廚師，每次請完客，總要讓他在廚房門口等着，然後客人一一過來跟他握手致

謝；日本人很野蠻，不准吵鬧，只准悄悄地說話，所以很討厭他們。父親心裏不好受，就有離開的想法。

我哥哥當時在上海工作，時常來信勸父母帶全家到上海避難。本來父母都捨不得家鄉，對上海的印象不好，只知道是燈紅酒綠、十里洋場的地方，不適合年輕人居住。我讀五年級時，他們終於決定離開威海，反正日本遲早會投降，到時候我們再回來。我們先坐「大排子」[1]到煙台，轉乘遠航的大船。出發時，我和妹妹站在甲板上，我從沒看過那麼漂亮的威海。我二姐嫁到劉公島，我常常坐船去，但從來沒有回看威海衞是什麼樣子。這樣一看，威海衞這麼漂亮，什麼時候才能回來？我一直站着，直到看不見威海的影子才進船艙。

上船後，大人很擔心遇到美國潛艇。當時中國的海岸線幾乎全被美國封鎖，遇見兵船就放魚雷。現在的商船什麼顏色都有，但那時日本的商船跟兵船一樣都是灰色的，是掩護色，令人難以分辨。走到青島嶗山時，忽然有船員喊「Submarine! Submarine! 趕快回艙！封艙！」幸好只是虛驚一場。那條商船叫「樂山丸」，第二次從上海回程時，真的被submarine放魚雷打沉了。

我到上海後繼續讀書，上課時每一個字都是用上海發音。我不知道上海話跟我們的話完全不同，經過足足半年，我才能跟他們交流。抗戰是艱難時期，吃的用的什麼都沒有，我有個朋友在仁濟醫院工作，經他介紹，我每逢暑假都去做暑期工。當時正值盟軍反攻，美國的飛機時常轟炸上海。日本政府機關的樓上都有高射炮，但是高射炮怎麼打也沒效果。有一次有個炸彈落下來，我捂着耳朵，光聽見「轟」的一聲。過一會兒往外一看，四面八方的人，身上有血的、沒血的，都灰頭土臉朝醫院跑過來。

---

[1] 捕漁載貨兩用的機動漁船。

我在醫院化驗間管顯微鏡，給化驗師數白血球。醫院裏的醫生護士都很喜歡我，因為我眼明手快，又時常替他們當跑腿。那裏有個和善的日本女護士長，有一次我忽然看見她穿旗袍，後來才明白，她是怕盟軍進了上海，會被當地人打，所以飛機一來轟炸，她就改穿旗袍裝成中國人，方便隨時走難。

有一天，護士長忽然過來叫我到大堂。到了大堂，日本醫生、院長都在場，前面有個喇叭，說着說着，他們低下頭哭起來。忽然有聽得懂日本話的中國人說：「哎呀！日本人投降啦！」日本人投降了？當場我也哭了，他們是傷心地哭，我是興奮地哭！以後不用再擔驚受怕，而日本人就倒霉了。中國人聰明反應快，鞭炮很快劈里啪啦響個不停，街上的人到處都很開心了，我開心得四處跑來跑去，現在我還記得很清楚那情景。

恢復和平後，上海又是另一番景象了。當時我多讀一年書，視野和思維不同了，開始留意時事、政治。當時有很多美國人來到上海，看見中國女孩子又摟又親，雖然那是他們的一種慶祝方式和表示禮貌的做法，但我看不慣，覺得不成體統。

來接收上海的國民黨軍隊有好的，但也有些雜牌軍，他們會歧視市民和警察。警察是原本幫日本人當警察的中國人，職責就是維持秩序，算不上是漢奸。然而當軍隊犯罪，警察去調查時，他們開口就大罵，說自己抗戰八年，警察想管也管不了他們。當時經常有這種小衝突，報紙常有報道。

年輕人開始不滿腐敗的國民黨，對中共產生好感。當時國民黨也會發佈共產黨的負面新聞，因此上海市民很矛盾，既討厭國民黨，但對共產黨也有點害怕。後來內戰愈打愈厲害，在街上人少的地方，軍隊動不動就強拉民夫為他們做各種雜務。晚上戲院外邊有機關槍在等候，電影完場就抓壯丁，他們不要女人、小孩，只要男士。

才剛學會上海話，又要學廣東話了

我有個堂哥在船上工作，每次到上海都會來我們家，有一次，他向母親提議讓我跟他上船逃難。當時我的哥哥姐姐有些已經在香港，母親本來不捨得我走，但只能改變主意。我當時不想走，船一到福州，我就去投靠我的姐姐。雖然她也一直不想我走，但等了不到一個月，共產黨過江，將要解放全中國。所以在1949年，我就坐船到香港。

哥哥姐姐都到了香港避難，他們很歡迎我來香港，不管到誰家都可隨便吃，還給我零用錢。我只是個18歲的青年，又不懂廣東話，可以做什麼呢？當時，我在想自己為什麼這麼倒霉，才剛學會了上海話，現在又要學廣東話了。在上海讀書的時候，我最喜歡畫畫。有一次看報紙看見中華青年會招美術生學畫廣告，說畢業後會有工作介紹，因此吸引了我，後來才知道那是騙人的。當時全香港有很多人失業，緊接着又來了難民潮，哪有那麼多工作，所以我就不去白交學費了。

我姐夫的朋友開了家飯店，製作蛋糕和糖果，邀請我到他廠裏工作。一個多月後，我感覺挺悶的，而且那時當學徒沒有師傅教，只能自己偷師，有時候人家還覺得你礙事，所以我就辭職了。後來我找了份行船的工作，風平浪靜時還好，但碰上大風大浪便很危險。工作不到一年，那艘船要大維修，我就趁機辭職。當時會幾句英文的人，都到兵船上做買賣，收入挺好的。姐夫有空也會做這些買賣，從船上下來，他就讓我畫畫，再拿去賣給外國人，但我不喜歡這種生活，最後還是決定去考警察。

當時香港失業問題十分嚴重，但威海人可以投考威海衛警察，這工作是專門留給我們的。有這麼好的機會，我卻等了三年才去考，關鍵是家人都覺得我只是暫時避難，沒有把香港當成一個永久居留地。

我家的老一輩都經歷過亂世，憑過去的經驗，認為打完仗就能回去。我的哥哥姐姐也是這樣想，所以沒人贊成我當

警察。我母親對穿制服的人印象最差，以前的軍閥、漢奸都穿着「老虎皮」，又着腰裝模作樣、張牙舞爪的去嚇唬市民，所以她極力反對自己的兒子當警察。

最初我也不樂意當警察，我太留戀家鄉了，總想回去。我在上海看見國民黨的所作所為，雖然他們的宣傳也令我害怕共產黨，但我仍然對共產黨抱有希望，所以打算在香港等待機會，不想去當警察，後來看到內地總是在爭鬥，就很失望。當時有人勸我移民，我更不願意，我對國家、對民族有一份自尊心。

吸引我當警察的主要原因是同鄉。我從小就離開故鄉，到上海住了六年多還要繼續往南跑。離開家鄉愈來愈遠，心裏愈覺委屈，每逢遇見同鄉都倍覺親切。來到香港後，看見很多年輕的威海人當警察，我也想擠進同鄉的圈子。雖然所有家人都反對，我還是偷偷跑去考，打算考上再決定。筆試那關，三十多人當中，大概只有十人通過；到身體檢查那天，一百多人只取錄六人。

多一門手藝，多一條出路

1952年8月，我進入學堂，展開警察生涯。我進學堂後很開心，大家都是年輕人。我們雖然叫威海衛警察，但也有很多外鄉人，山東西府、青島、東北，甚至還有上海人和廣東人，都是冒充威海人考進來。我從小接觸外界，沒有排外心理，只要是北方人，甚至是上海人，我都當他們是同鄉，所以跟大家相處融洽。

威海人一般長得高大，做事忠實，英國人把威海人當成御林軍，比廣東人矜貴，因此在警校裏，我們受訓的科目比本地警察多，特別辛苦。當年的儀仗隊全是威海衛警察，我們一定要學操長槍。在靶場上也是一樣，我們比本地警察多練一款輕機槍。其實用機槍的機會很少，但英國人都希望我們會使用，每次操完槍，我兩手都會震，連端飯碗都發抖。

辛苦歸辛苦，我們沒有白白付出。我們山東威海衞警察至少在警容警貌上，是香港警察裏面最好的。儀仗隊都由我們擔當，橫直成行，非常整齊。巡邏時腰板挺直，靴帽整齊，皮鞋鋥光瓦亮，對市民和遊客很友善，但又不失威嚴。

1953年畢業後，我被分派到港島交通部。當時香港的交通警察百分之百是山東人，衝鋒隊、山頂和總督府也都是清一色的威海衞警察。

初到交通部時很不習慣，要穿上全套警服，配好裝備就出去指揮交通。當時指揮交通一天兩崗，每崗三小時，十分疲累。一年後，我被調到港島衝鋒隊，跟隊員們坐衝鋒車四出巡邏。一旦發生事故，我們要最先到現場處理，往往都是上吊、打架、搶劫等，好的事不會找警察。

剛過了一年，我又被調回港島交通部。指揮交通要風吹雨打、日曬雨淋，當時我有點灰心，有辭職的念頭。有一天，長官問我們誰會畫素描草圖。當時我第一個就走出來。主管讓我坐到一張桌子後面，出了題目，我很快就畫好了。他拿去一看，說：「好！這個位置以後就是你的。」我的工作崗位屬庶務科，由一位庶務警長主理，專責支援交通行動組的所需，例如畫圖、寫臨時改道用的交通指示牌等。

最初我不用畫太複雜的東西，大多是碰上改道時，畫個臨時交通告示牌而已。我閒時無聊就自己找事做，當時跑馬日和足球比賽日會有交通管制，每個跑馬日都水泄不通，交通壓力很大。我就畫了張馬場的圖，又做了一個模型，到跑馬日時，哪個地方需要擺交通告示牌就一目了然。最初主管見我做模型時，很好奇我在做什麼，後來聽我解釋，就連番稱讚這是好主意，還着人去把跑馬地的大廈拍照，我再對照相片用卡紙畫出來，做成地標放進去，令模型更完善。香港另外一個主要交通管制點是大球場，當時香港足球很狂熱，開場散場人山人海，我也做了個模型，實用效果不錯。

以前的警察像是工作機器，只跟隨上司命令，很少主動想辦法做事，上下級之間也缺乏互動交流。做了這幾件事後，主管覺得我有點能力，也很有主意，各方面都讚賞有加。後來他又叫我幫忙籌備交通展覽會，在會場上佈置微型馬路，繪圖教行人和車輛如何過馬路，還組織宣傳隊到學校宣傳，領着學生去示範。

　　以現代的眼光來看，這都是些簡單容易的事，但那時行人走路都沒規矩，車輛雖有規矩，但也不完全遵守。特別是1950年代，外來人口激增導致交通事故數字直線飆升，所以有必要舉行展覽會宣傳。每到要開展覽會時，主管任由我自由發揮，我就不斷畫。雖然工作量很大，但我那時候年輕有精力、有興趣，毫不畏縮。

谷迅昭（右一）在交通展覽會上展示模型，宣傳遵守交通規則，攝於1958年。

參與香港第一條斑馬線選址

　　二次世界大戰過後，香港政府忙於穩定社會秩序，因警力不足，導致馬路上的車輛非常混亂，至1950年代還未恢復正常。有一天，我站在馬路中間指揮交通時，覺得路上行駛中的車輛的車牌五花八門，一般人很難認清號碼。我工作時跟主管談及這事，他很有興趣，我便趁機說出「統一標準車牌」這個想法。他聽後說：「好，你把計劃寫出來。」他強調要依據歐洲、英國及其各殖民地的準則和條例編寫。我抱着興奮的心情，很快就完成工作，由主管轉遞到警察總部，主管非常讚賞我。

　　香港第一條斑馬線的選址，我也有份參與。斑馬線最初在英國出現，後來政府想把它引進香港，但是放到什麼地方，就需要仔細研究。我對香港島比較熟悉，中環雖然交通繁忙，但每個繁忙的十字路口都有人指揮，所以沒有合適的地方。接下

谷迅昭（左二）和兩位女警身穿便裝，為市民示範怎樣使用斑馬線過馬路，攝於1958年3月。

來就是灣仔區莊士敦道電車路，馬路中心有月台，行人可以先到月台上稍停，看看沒有車再繼續過，所以過馬路也不困難。剩下的就是軒尼詩道修頓球場外，那個地方沒有電車道，馬路又寬，左右兩面離十字路口也遠，很多人不耐煩，基本上都從中間直接穿過去，因此是設置斑馬線的最佳位置。

上頭最終採納了我的意見，接下來我又要教導市民按新規則安全過馬路。連續幾個月，我與兩名女同僚穿便裝行走，在斑馬線上做示範，以身作則引導行人，然後又花好幾個月的時間去提醒違規亂走的行人，這些都需要極高的耐性。

如願調入CID學校[2]

做了一段時間後，港島交通部就不肯放我走了。後來我又做過電單車巡邏、交通事故調查和交通意外統計。做得太久，就厭倦了，特別不願穿軍裝，所以就想到CID穿便衣。CID是廣東潮州人的天下，不是隨便能進去。我就繞個圈，先申請去政治部，因為他們也是穿便衣的。進政治部也要先接受調查，幸好我過往的紀錄都很好，最終獲得批准。

我在政治部主要負責調查社團。香港有不同社團，裏面還細分了很多組織，非常複雜。社團舉辦活動時，上司要我們到現場看看有沒有黑社會或者有政治背景的人。當時這種調查都是明查，實際上就是調查訪問。

幾個月後，我感覺那些社團沒有政治瓜葛，所以每去一個地方，回來匯報的結果都是沒有政治背景。我上司不滿意，說怎麼全天下都是好人。我說人家本來就是好人，總不能硬說他有什麼不好或特殊背景，沒有就是沒有，我寫的報告我會負責。他說警察出去查人，應當懷疑每一個人都是壞人才對。我

---

[2] 即香港警察偵緝訓練學校。

做不到，哪來那麼多壞人，我眼裏全世界都是好人。不過他對我不錯，每年都推薦我升級，但是升了級就要穿制服，所以我放棄了，還是希望有機會到CID。

這樣幾乎沒有政治背景的社團，後來政治部就把監管社團的職務全部轉給各個分區警署處理，並把我們分到警署的偵緝部裏當便衣警察。不過當時的便衣警察差不多全都沾黃帶黑有外快，多一個人就多一份開銷，所以人家不樂意接收。我還真不稀罕，堅決不去，就把我調去查新人。

查新人就是調查新加入警察的各種背景。我不管到哪個部門，摸索幾個月就熟練，查新人也是一樣，我經手的調查事項，都一清二楚地交待，上司把我的報告當樣本，要求其他同事都照着我的方法去做。

香港警察每隔三至五年就要調崗，到了重新調整的時候，警司一見面就想調我到「環頭」[3]去，地方由我挑選。他是我以前在交通部的老朋友，我曾經幫他做事，所以他想回報我。我謝絕了他的好意，他當場就愣住了，怎麼人家都想去的地方你反而不去？我說如果你想幫我，就把我調到指模部或者記錄房。他一下子就笑了，覺得我沒出息，給我財路卻不去。想當年我母親對警察最反感，但我考上了，她沒辦法，只好跟我說，當了警察你就給我好好地做人，別走歪路，別做壞事，我都一一答應，所以我做了一輩子警察，直到退休也沒做壞事。

於是，我被調去看守行為犯，到地方的CID工作。其間我參加過一個偵緝訓練班，教官是個中國人總督察，兩個月下來我就跟他混熟了。當時他正好負責籌建CID學校，籌備時我幫了不少忙，所以我就託他幫忙把我調進去。校長來到香港後，也覺得需要一個能寫會畫還能製作幻燈教材的人，但是過不了布政司，因為這學校從上到下設置多少崗位、配多少人早就定好了。後來，校長打報告，以借調形式把我借過去。

---

[3] 「環頭」即警區。

警察生涯中最開心的20年

在CID學校資料室，我專門負責製作訓練教材教案，包括儀器設備的管理使用方法。對我來說，這份工作最大的好處就是無舊例可循，完全是新的，不管什麼東西，我做的就是標準。我第一個過去，每份文檔都是由我開始的，他們都說我是開荒牛。

這份工作只能給別人錦上添花，很多人都不願意做，不過我卻很有興趣。每天早上9時上班，我每天8時就報到，甚至連大假都不願休，因為工作就是我最大的娛樂。校長也很看重我，一有機會就推薦我升級，但是升了級就會被調走，所以我都謝絕了。後來有個警務處長得知我在這個崗位上做了那麼多年，嚇了一跳，覺得很不可思議。

這份工作我做起來遊刃有餘，太輕鬆了。同期警察部其他部門，譬如警校，需要12個人做資料室的工作，而這裏長期只有我一個人在做。校長和教官們提的要求，我很快就能構思成型，立即就弄出來，所以他們都很奇怪。副校長還一本正經地叫我去申請護照，退休後就去英國。

當時每任校長離任時都交代，説阿谷這個人很重要，所以新校長上任例見職員時都不用見我。外國人不見你，就説明充分信任你。我們的第四任校長是個中國人，對我印象一般，但得知我的工作內容和每天的工作量後，態度馬上變了。自此他很尊重山東人，下班就讓我坐他的車回家，還時常跟我閒話家常，甚至連家裏的秘密都告訴我。當年學校還從英國請來一個總教官，年紀比我大，職位也高，後來我跟他的關係也極要好。我這輩子沒有功名利祿，但是交了幾個好朋友，感到十分富足。

因為CID學校沒有我的編制，所以每任校長要繼續打借調報告。我的退休時間一年一年的往後推，本來香港警察55歲就要退休，但我工作到59歲，校長還是不捨得放我走，跑到人事科，要求給我再延長一年。不過人事科不答應，因為我差幾個

月就滿60歲，沒法再推了。最終我在CID學校工作了20年，我可以説是從未生病，真的很開心，一眨眼就過去了。

多年後，CID學校忽然叫我回去當面商量一些事。香港警察正開展為內地希望工程籌款的活動，他們覺得之前我畫的圖畫能代表CID學校，就想製成聖誕卡和首日封，但警務處長認為涉及版權問題，就要求一定要作者本人簽字確認同意才可以。我簽完字後立刻訂購了數十張，並捐了數百元。

記憶中的家鄉永遠是最美的

我們這一代很多都不太情願做警察的。我從小就被迫離開威海，但回家的念頭從來沒間斷過。在我的記憶裏，家鄉永遠是最美的。我現在住的地方，是我在政治部工作外出調查時看中的。當時我才三十多歲，一到大埔就很喜歡了。這裏依山傍海，風格很像威海。

大陸還未開放時，就有老鄉隔三五年回鄉探親。一回到香港，我都想辦法立即與他見個面，生怕隔一晚他們身上沾的家鄉味會沒有了。雖然我在老家沒有親戚，但我還希望能回家去摸摸那個地方，聞一下空氣也好。正好我外父是上海人，等了許多年，外父病了，政治部批准我回上海，但又警告我回去不准這樣那樣的，甚至連報紙都不能隨便看，而且只准去上海一個地方。回到上海一看，外父身體還可以，我也不理政治部的警告，趕緊讓舅父買火車票回老家。

到煙台那天碰上大風大雨，回到威海天已經黑了，伸手不見五指，晚上點蠟燭吃飯，燈影還閃個不停。當年我離開威海，晚上點了火油燈，燈影也是閃個不停，沒想到我第一次回老家，又是燈影在歡迎我，既開心又傷感。當年我11歲隨父母舉家移居上海，50年後從香港孑然一身獨自回鄉，老是一股怨氣頂在心口，淚在眼眶裏流……

我第二次回老家路過濟南時，省警察的一個首長很熱情，請我們吃飯喝酒，我們喝得醉醺醺的就開始隨意聊天了。他叫

我提點意見，不要怕不好聽，儘管說真話，結果我第一句就不合格。我說山東人在香港警察部裏都是樣板，但就表面看，大陸警察都隨隨便便、懶懶散散的樣子，一點威嚴都沒有。有時還推個自行車，手把上掛個籃子，裏頭還有菜。下了班穿便衣做什麼都可以，但穿着制服你就是警察，拿個菜籃子算怎麼回事？還有，我第一次回威海去公安局報到時，滿院子穿制服的人不是在地下蹲着，就是找個地方坐着，沒有一個好好站着。警察代表了一個地方的文明程度，這個很重要啊。最後說得他們都不太好意思，堂哥還急得在枱底直踢我。

多年以後，香港報紙說濟南警察成了全國警察學習的榜樣，我立即回想起當年這段話，挺開心的。後來再回老家，看到威海的警察也很不錯，特別是馬路上的交警，一招一式做得都很好。

威海市政府來香港開威海衞警察聯誼會那天，市長孫述濤也來了，我也榮幸地收到邀請。思鄉之情於我而言可說是刻骨銘心，雖然現在我已年達耄耋，但仍然希望能在有生之年回去繼續見證故鄉的蛻變，更希望兒女孫輩知道我們的根在山東威海衞。

威海衞警察谷迅昭的思鄉之作，表達了對故土深深的眷戀，作品於2000年完成。

威海衛警察沙展吳傳忠（編號2771），攝於1970年。

我們的故事屬於自己
也屬於香港和家鄉

吳傳忠 | 1952年入伍
受訪日期及地點：**2010年3月24日於嶺南大學歷史系**

　　我1933年1月17日(農曆壬申年十二月二十二日)出生於山東威海衞田村大同街25號，在家鄉度過了童年和少年。1950年來香港，1955年考上威海衞警察後，在香港警隊服務了35年。

悲哀的童年

　　我生活在一個小康之家，祖父育有兩兒兩女，伯父吳學文十多歲就去了大連，替一個日本人照顧孩子，工作近20年。日本人老闆其後出資，在北沙河口76番地，給伯父開了一間單車店。當時單車是大連主要的交通工具，管得也很嚴，每輛單車都要定期檢查，所以他的生意很好，僱請了20名師傅，主要都是我們威海同鄉。

　　父親吳學禮11歲那年也去了大連，在鐵路局工作三年後，在伯父的幫忙下開了家小商店，逐步在大連站穩了陣腳。他與我的母親王寶子結婚後也很顧家，賺了錢就寄回來。母親靠着父親寄回來的錢，一點一點地購置田產，後來田地多了，莊稼的工作都是僱人來做的。家底扎實了之後，她又開始蓋房子。

她蓋的新房子用的都是玻璃窗，這在當時的故鄉很少見，那時候我們家的生活很快樂。

鄉下人儘管樸實、守本分和刻苦耐勞，也有不務正業的地痞流氓。誰家要是被他們盯上，輕則被暗地裏毀壞財物，重則被毒打一頓，甚至被逼迫跳井自盡。最容易遭算計的，就是那些沒有男人的家庭。不幸的是，當時我們家就是這種情況，所以好日子沒過多久。

某天傍晚，正當母親抱着我和我兩個姐姐一起樂也融融之時，窗戶上忽然有些光影來回晃動。往外一看，門外的大樹上竟然有幾個手拿繩子的人。母親放下我，衝出門看個究竟，結果一夜未歸。第二天早上一開門，人已在門上氣絕身亡。兇手四人都是村裏有名的流氓，而且與我們同村同姓、同宗同族；母親被發現時遍體鱗傷，是給人打死的。母親去世時35歲，我只有3歲。

沒有母親的孩子，想不快點長大也不行。待我剛長得結實一點，田裏的農活、家裏的雜活就落在我身上了。我還經常遭人白眼、奚落、咒罵和追打。母親的遭遇對我父親的打擊更大，他很長時間無法走出母親慘死的陰影，變得愈來愈頹廢。他續娶後回到大連，但生意很快就停滯不前，後來還染上了抽鴉片的惡習。從那時候開始，我們的家景開始走下坡，吃了這一餐，就要愁下一餐。

差點被日本人滅村

1938年春天，日本人來了威海，大家都被吵鬧聲驚醒，飛機在我們的頭頂飛過，村裏亂成一團，到處都是呼兒喚女的，爭着往南山跑。沒過幾天，國民黨鄭維屏的游擊隊就跟他們對上了。日本人滅不了游擊隊，下鄉掃蕩時拿老百姓來出氣，隨便抓人、放火的事可多了。

一天早上，日本人進了我們村，挨家逐戶搜查，把男女老幼都趕到東場上圍起來，前面架着幾支大機關槍，站着一個腰懸軍刀的軍官。眼看着要大禍臨頭，忽然有位老人趕過來，他叫孫錫九，在天津從商，當時正好回來探親。沒想到那軍官一看見他就跟他打招呼，一副很驚喜的樣子。兩人用日本話聊天，我們一句也沒聽懂，但隔了一會兒，軍官就把我們全部人放了。原來那軍官與孫老先生在天津是鄰居，幸好老先生喊冤並作擔保，才把全村人救回來。我時常在想我們應該給他立個牌坊作表揚，而現在別說立牌坊，恐怕連這事也沒人知道了。

我們村是位於煙威公路的一條大村，這條路是日本人下鄉掃蕩的必經之路。日本人不敢掉以輕心，游擊隊亦同樣看重，所以我們村很不和平，不管白天還是夜晚，總有游擊隊出沒。後來八路軍興起，那時候兩邊還未有互相攻擊，只是經常會在晚上進村抓人問話。我的父親也曾被抓起來，事後他大病一場，眼珠變成了黃色，中醫說他是被嚇破膽了。

我小時候就很嚮往學校生活，城裏的童子軍穿着制服步操的神態深深吸引了我。那時候，正常是6歲入學的，但直到11歲我才進本村小學讀書，不過又碰上戰亂，根本讀不到什麼。日本人投降後不久，本來以為可以安穩地讀書，結果完全不是那一回事。

兒童團團長

解放後不久，八路軍的工作隊就進村入戶調查及宣傳，緊接着又成立了很多組織，連我們小孩都被組織起來，名為兒童團。從那時候開始，五花八門的大會接連不斷，可說是「人人有組織、天天在開會」。當時也不知道是因為我們家窮，還是我年紀偏大，學校叫我當兒童團團長，不是帶隊敲鑼打鼓、耍秧歌，就是在學校裏分組編劇本和排練。我不能專心讀書，更要參加鬥爭會，名為「鬥地主、分果實」。那種狠和悽慘，沒有親身經歷過是很難體會到的。

可能是因為母親慘死的影響，我一生不願罵人，也不忍心看人家受辱，更受不住喊打喊殺。特別是我這兒童團團長，還要跟着大會的節奏帶頭喊口號助威，所以當時我只期盼着能快點長大跑出去。對於分果實，雖然我們家窮，但我從不認為那是我們應得的東西。再説，那幫打人的所謂「進步青年」，後來八路軍徵兵時，他們逃得比任何人都快。

後來，我到了大連投靠伯父，原本以為東北的生活會比我們威海好，可以安安穩穩地在伯父的單車店裏學一門手藝，沒想到願望又落空了。日本人投降後，伯父的家境大不如前，伯母又不願做家務，所以我要幫忙煮飯洗衣，想學手藝都只能抽空去學。

當時在大連到處都能看見蘇聯兵，日本人的房產和倉庫都由他們看管，只要買瓶燒酒給他就能進去，拿什麼東西也沒所謂。收音機每天播報的消息也是關於國共內戰的，一會是四平街接仗，一會又是什麼地方打起來。這麼一路看下去、聽下來，我愈來愈害怕，所以一年後，我就找個藉口回鄉。戰爭後發生了一場大饑荒，那時我到威海城南大橋一家單車店工作，不久後，老闆説私人買賣可能都要變成國營了，又聽説東北很多工廠招工人，我就想再去闖一闖。

改變主意要去香港

沒想到這個時候，我接到大姐夫谷源增的家書。他是谷家疃人，1945年到青島後考上香港警察，警號是2569。信中説他有一位名叫王初埠的朋友近期從青島回香港。如果我想去香港，就可以到青島去找他。大姐夫跟我感情深厚，所以我就改變主意要去香港。

當時外出必須要有通行證，我到南大橋村辦手續時，負責人説我不是他們村的，以前是破例能讓我留在他們村工作。這種情況下，我明白要是回自己的村恐怕更難辦證，因為大家都知道我大姐一家在香港，萬一辦了證，人卻跑了，誰來負責？思前想後，我決定乾脆不辦了，儘管去闖吧！

1950年4月，我坐車離開了故鄉。到了煙台，就有士兵檢查通行證。輪到我的時候，我便說我出門不需要通行證。士兵問：「什麼？你不需要？誰說的？」我說：「國家說的！我是兒童團！國家政策不是兒童團到哪兒都行嗎？你做檢查的不知道？還跟我要通行證，你這是違背國家政策！」後來到滄口，又碰上查通行證的人，也是這樣蒙混過關。

　　但是，從青島經由濟南往深圳時，兒童團的身份就騙不了人。就在衡陽轉火車的那條天橋上，兩個士兵拿槍指着我，如果拿不出通行證，說什麼也不放行。幸好周圍的人太多，他們根本就守不住，等到火車鳴笛響第二聲，我眨眼就衝上車廂。

　　廣州的檢查更嚴，所有人分成男女兩條隊，逐個搜查。我不怕搜查，最怕又要我拿出通行證。想了一會兒，我就找到了辦法。北方來的女人都有紮腳，連腳趾頭都要檢查，我把包袱往頭上一套，混進女人隊，等排在前面的女人脫掉鞋襪，抬腿接受檢查時，我就從她的胯下一鑽，立刻往火車上跑。

三個月才花了三毛半

　　到了深圳之後，就再沒有人理會我有沒有通行證了，只檢查有沒有帶私貨。不久後，大姐就到羅湖橋接我。那時候香港公務員家屬有張粉紅色的身份證，她拿着這張紙給英國督察看，很順利地把我帶來香港。

　　一星期後，我考進偉倫紗廠，三個月的養成工期滿合格後就能轉為長工，每個月正常的薪金大約是港幣一百元。當時香港滿街都是失業的和流離失所的人，我在短時間內找到工作，而且還有免費的單身宿舍，真是相當幸運。

　　紗廠的工作很累，每天要站着12個小時，紗廠的溫度很高，我們北方人很不習慣。紗廠那些主管大多是上海人，他們看見我辛苦，想把我調到輕鬆的崗位，但我沒有答允，因為我現在的薪金是計件的，多勞多得。我急着找工作，就是想賺錢幫父親養他和繼母生的六名弟妹，所以我當時拼命地工作，

甚至連休班都不休息。第五個月開始，我每隔一個月就會寄一百元回鄉，直到父親和繼母去世。

在紗廠前三年還不錯，後兩年就不行了，經常有罷工。每罷一次工，老闆就減一次薪金，而且他們不是誰罷工就減誰薪金，而是人人有份，我只得另謀出路。工餘時間除了去夜校唸英文，我還到啟德機場的航空學校學習飛機和汽車維修。除了按時把錢寄回故鄉，剩下的錢我幾乎全花到學習手藝，我曾經三個月只花三毛半零用錢生活。但是，後來發覺維修飛機是一件很敏感的工作，必須有關係擔保才可以，而修汽車也看不到前景。

好差事輪不上威海衞警察

其實比起當年跑到香港謀生的其他外地人，威海人的優勢就是擁有威海衞警察這個平台，這種制度化的官方安排，原則上只招募威海人，沒出路的威海人還有這條路可走。戰前我們村就有位張先生來香港當警察，他的小兒子張振聲後來也當了警察，警號是4722。到了戰後，當警察的威海人就更多了，我們村的就有二十多人。

最初我並不喜歡當警察。第一，我對警察工作不太認識，甚至覺得比不上我本來的工作。第二，當時警察在香港的形象很差。但是我也沒條件可以按興趣選擇職業，實在是走投無路才去投考警察。

我考了三次警察。第一次在等待入學堂期間，因為罷工完結了，紗廠開始漲薪金，我就留下來繼續工作。誰知道之後又罷工了，我又去考警察，結果讀默試過不了關。再招人的時候，我又打算再去考，沒想到考官給我封信，說如果我還想當警察，就拿着信直接到九龍城警署驗身，其他程序就免了。

當時報考威海衞警察的，也有很多不是正宗的威海人。威海衞警察最重要的報考條件就是籍貫，所以必須會講威海

話，最起碼也要能聽懂。警察部就連很多外國警官也聽懂威海話，這一條做不到的話，基本上過不到第一關。

1955年10月18號，我到香港仔黃竹坑警校報到，警號是2771。當時警校按籍貫分班，別的班全用英文字母識別，唯獨我們班使用地名。操練的時候，長官喊出的口令都是"A squad"或"B squad"，輪到我們就是"Weihaiwei Squad"。

當時我被教官們戲稱為「威海衞馬騮」。其實那些幫辦[1]、咩喳[2]、沙展[3]對我們都挺好的，之所以稱我們為「馬騮」，是因為我們入學後打破了很多警校的老規矩。譬如以前教官打學生是普遍的事，尤其在操練來福槍時，教官見誰操不好就從後面打。教官一推，人就往前倒，槍上的刺刀就戳到前面的人。我們那時候不但要在操場上步操，一踏出宿舍就得邊操邊走。如遇見教官，不管他是不是教你的，都要趕緊敬禮。要是遇上教官心情不好，他就會挑剔你，隨便打上兩巴掌。這種事情太多了，但我們就不受這一套，有錯你怎樣懲罰都可以，就是不可以無理打人。

當時令我們最頭痛的是食物。威海衞警察駐守的警署都有山東人的飯堂，但在警校不管你來自什麼地方，都是吃一樣的飯菜。後來我們自己跑進廚房找食物，這種事廣東學警是絕對不敢做的。新年的時候我們留在警校當後備，故鄉的傳統過年要吃水餃，我們打算出去買菜買肉，自己包水餃，結果有教官不同意，說從來沒有這個規矩，所以我們就直接去向校長申請，立即就批准了。這樣一路下來，我們打破了很多警校規矩。

---

[1] 督察的俗稱，下同。
[2] 高級警長、警署警長的俗稱，下同。
[3] 警長的俗稱，下同。

威海衞警察駐守的地方範圍有限

1956年4月從警校畢業後，我被分派到「大館」[4]，從此我一生都沒有離開過大館的管轄範圍。當年由我們威海衞警察駐守的範圍十分有限。

第一個是衝鋒隊，標誌是頭戴白色鋼盔，專責應付暴動、騷亂、緊急事故和嚴重罪案，平時負責押解犯人，又或是拯救

---

[4]　「中央警署」的俗稱，現稱「舊中區警署」，下同。

吳傳忠於港島交通部交通意外調查組留影，攝於1961年。

火災，是警隊中的精銳部隊。衝鋒隊的高層是英國人，督察是廣東人，前線警員從成立的時候起，就全是威海衞警察。我們威海人一般都長得又高又壯，而且很勇猛。1956年暴動時，我們就能發揮作用。一到現場，我們氣勢就很壯，那些暴徒一看見，立刻四散，所以衝鋒隊又名「暴動殺手」。

第二個是交通部，主要負責指揮交通、騎電單車巡邏、管理車輛停泊秩序和調查處理交通事故。當時香港沒有交通指揮塔，要站在馬路上指揮交通，山東人長得高大，行人和車輛從很遠就能看見他們，而且他們很能吃苦，不怕日曬雨淋。

除此之外，威海衞警察主要駐守山頂警署。山頂及黃泥涌峽都是達官貴人才能居住的地方。港督府、立法局、高等法院、郵政總局、滙豐銀行及各大水塘，也都交給我們去守，因為山東人忠實且做事可靠。另外，我們還負責當出租警察，譬如有錢人要解款，或各國駐港領事館有大型派對，香港大球場要舉行大型賽事等，都會租借警察幫忙維持秩序，這些都是我們威海衞警察的職責。

我們山東人來香港守的，都是重要的地方，但是只要仔細留意，衝鋒隊和交通部都是在街上跑的，既危險又辛苦；駐守的警署，譬如山頂區，除了權貴們的住宅，就是岩石和樹林，分段「行咇」[5]的範圍就更少了。比起本地警察，我們沒有佔到半點便宜，用我們故鄉話來說，就是把我們送到石硼上去了。

初出茅廬兩次因禍得福

我剛到大館時，那裏由本地警察和威海衞警察混合組成，我們這班人大多不懂粵語和英文，所以受到歧視和排

---

[5]　即步行巡邏，下同。

擠。有一天，中班出更時，張咩喳突然檢查，事先通知了所有本地警察，卻瞞着威海衛警察，結果三人被罰，我的罪名是當值時攜帶警察手冊學英文。

沒想到，上司問明原因後，當場下令調我到捕房做值日官助手，主要受理報案，也處理犯人，譬如搜身、扣留及打指模等。這是個好崗位，但其實我並不願意，因為我對自己的英文程度沒有信心。結果我學到一手好技術，指模打得又好又漂亮，又學會撰寫報案材料之類的工作。

警察不允許在同一個地方駐守太久，怕你待的時間長了，可能會走上歪路，所以我們隔段時間就要在不同部門或崗位輪調。我駐守大館近三年後，就被調到港島衝鋒隊。主管摩根（Morgan）是蘇格蘭人，很看重我，所以我在巡邏車上當了幾個月無線電生後，就被調進衝鋒隊辦公室。

1960年，我獲升為「兩劃」[6]，當時出學堂三年多就升級是很少有的。升級後不得留在原位，所以我又被調到港島交通部，之後我又重新調回大館當副值日官。1964年春，我被派到警察訓練營受訓，結果遇上一場真正的槍戰——林村槍戰。那場槍戰轟動一時，後來還被改編成電影。當時我也奉命帶隊參與抓捕行動，還是第一支到場的支援隊伍。

結束訓練之後，我就返回大館當正值日官。有一天，港島衝鋒隊主管麥堅士（Mckenzie）衝着我和下屬大喊大叫，我回了一句：「現在我是這裏的值日官！請看看我身後的牆，注意你的言行！」牆上掛了英女皇畫像，我此舉實際上頂撞了他。誰想到，他竟然覺得我的處理方式詼諧得體，竟然向總區申請把我調到港島衝鋒隊，不單是文案工作，就連在行動上的工作調配，也讓我依照他的命令自由調配，使我在同事們面前甚感難堪。

---

[6] 警目的俗稱，下同。

其實外國人有個優點，就是挺講道理的，我在山頂警署坐堂的時候就感受甚深。住在山頂的全是外國人，他們會打電話來投訴雞毛蒜皮的事，但只要你把道理講明白就可以了。我當時養成一個習慣，不要跟人家爭鬧，凡事講道理，所以當年那些外國人都很喜歡我。

最艱難的是1967年

我到港島衝鋒隊才一年左右，就遇上六七暴動，那是香港歷史上規模最大的一次社會動亂，也是我幾十年警察生涯中最為艱難的一年。

暴動的起因原本只是普通的勞資糾紛，但那些左派受內地文革的影響，造成一場全港性的大暴亂。我們衝鋒隊除了外出

吳傳忠（前排右一）帶隊參與大埔林村槍案抓捕行動後，率警員在警察訓練營合影留念，攝於1964年。

平息暴亂，還要留下一隊人保護港督府，人員的選拔與培訓全由我負責。暴動初期，上司命令無論如何都必須忍耐，絕對不准動武，所以我們只帶籐牌不配武器。但那些左派不單對警察言語侮辱，還吐口水和吐痰，又腳踢又手揗，我的下屬每次回來，個個都氣得像瘋狗似的。要控制他們不還手太難了，我只能在每天去港督府之前對他們做技術輔導，回來後立即打發進「巴瀝」[7]休息，之後還要做心理輔導。

後來有情報説左派工會、學校和商號裏藏有很多攻擊性武器。由於每次行動都由衝鋒隊打頭陣，所以港島區指揮官就派我到消防局學燒焊，利用熱切割來破門開路。其後，又派我到啟德機場的香港飛行服務隊，學習如何從直升機降落到目標物，例如屋頂或水箱上。學成歸來後，再讓我挑選其

7　音譯自英文barrack，泛指宿舍、休息室，下同。

吳傳忠在干諾道中海旁貨輪爆炸事故現場協助調查，攝於1980年。

他人組成破門小組，專門針對北角一帶的僑冠大廈、新都城大廈等重點目標進行培訓。我們從赤柱軍營上直升機，示範如何降落、破門入屋，以及如何辨認和躲過目標大廈裏的觸電陷阱。當時真的非常危險，門後面很多都有放電裝置，我都不知道能不能活着回來。正式行動時，搜出了很多武器，在華豐國貨還查出一間設備齊全的醫院。

搗破那些地方後，暴動愈來愈激烈，滿街都是俗稱「菠蘿」的土製炸彈。一旦發現有炸彈，不管是真是假，我們都要去處理。香港島發現的第一個炸彈在屈地街電車總站，第二個在皇都戲院。接到通知時，所有人早就被派出去了，只有我和主管留守辦公室。我只能親自出馬，帶着一個叫阿炳的雜工一起和軍火專家到現場拆彈。有一天，我剛下班前接到通知，説英皇道太古船塢外有人偷運炸彈。當我趕到現場，一個男人用單車滿載兩個大竹筐，藏着共二百多枚土製炸彈，並即場承認他是代朋友運送炸彈去北角糖水道。這是香港有史以來最大的一宗偷運土製軍火案。

當時在港島區因觸犯暴動罪而被捕的人，都被送到中央法庭受審，由衝鋒隊督察和一班警員看守，陸續解上法庭。那些左派雖然已經被抓起來，還是動不動就喊口號辱罵警察；到了法庭就罵法官，甚至脱下鞋子擲向法官，根據香港法律這些都屬於嚴重罪行。警隊本來就有濫用暴力的問題，暴動期間警察更對那些製造動亂的人十分反感。他們一挑釁，警察一受不了就開打，男警打人，女警也照打不誤。

當時這些衝突在所難免，但是警察打罵犯人也被香港法律和警例嚴格禁止。我做事從不越過法律授權的界線，所以後來港島總警區指揮官授權我去監督其他警察，嚴禁他們對犯人動粗。一接到這個特別命令時，我不感到特別高興，反而覺得非常尷尬。我雖然不願看見打人和流血場面，但我只是一個小芝麻官，又有何德何能呢？從前我抓到人，他打我罵我也不還手，也絕不允許我的下屬違犯警紀和法律，人身侵犯是刑事罪行。

我命人打開監倉，進去給左派們講道理。起初督察擔心我進去以後可能出不來了。進門後我就說：「都到了這個地步，你們還拿着紅寶書，它保得了你嗎？還喊什麼萬歲，毛主席他老人家看見你在坐監嗎？上了法庭還不是該怎麼判就怎麼判！現在已不是清兵時代，你前『兵』後『勇』般亂喊亂叫，誰能聽見？我們中國人，好漢不吃眼前虧，你現在進了狗籠，有天大的本事都沒用。你想革命不要緊，想報仇也可以，但最要緊的是先保住自己這條命！警察不打你們，但你還要去挑釁，到底誰吃虧？所以你最好乖乖的別吵，不要給警察找麻煩，先保住這條命，少判幾年再說。」

　　當時我雖然只是個兩劃，但手裏有尚方寶劍，所以警察包括督察在內，表面都很克制，不過在背後還是照打不誤。助理警務處長給我的指令是，發現誰打人就向他報告，但我不能這樣做，因為一旦報上去，我不但得罪別人，換其他人來可能打得更兇狠，所以我只能盡量安撫兩邊。

　　當時傳聞全香港凡是跟內地有關係的商家及其他機構，每天都必須派人參加抗議示威和罷工遊行。最初我不相信，但被調派去防範警察濫用暴力後，才知道這是真的。當時關起來的很多是北方同鄉，有河北、河南、山東的，也有威海的，都跟內地有生意往來。他們都告訴我自己是被老闆安排去的，輪完一圈再重新輪，輪到最後很多人都不願去或不敢去，老闆沒辦法之下就出錢僱他們去，再不去的話就要開除。所以那些被抓起來的，很多是無辜的，因為他們根本就不想參與。被派去保護港督府的警察表示，當時抗議隊伍中排在最前面的很強硬，但是跟在後面的就不同，舉着紅寶書喊口號時嚇得手腳都打顫。

　　我很同情他們，後來跟他們聊天，他們要求我讓他們打電話向家人報平安，但我不能答應。我說：「只要你們不自討苦吃，我會讓警察不要為難你。你們不能指望警察會幫你，他們都不可向外打電話。」有一天，我放假去探訪大家姐，正好姐夫的堂侄谷群昭也在。他在南北行做出入口生意，突然聊起擔心暴動的情況，因為他也有幾個行家被抓

上法庭，家人十分擔心。我跟他說：「請告訴他們的家人，只要他們不再衝擊警察，必定會平安無事。」可能那班人聽了我在中央法庭拘留所裏說的話，他們都守規矩，也獲得輕判。至今如在公眾場合碰見他們，他們都會主動走來問候，偶爾也會說些感謝和回顧當年的話。

1967年，香港經濟發展蓬勃，誰想到會變成這樣。警隊全體總動員，連下班都要留署待命。從警署到我家只隔三個街口，但是我和主管高士登（Tony Gosden）從5月中旬一直到10月初，吃和住全都在辦公室，連換洗的衣服都是我太太冒險送過來。當時最難的是調配警力。港島衝鋒隊總共才二百多人，暴動一來，每個政府部門和社會上各大公共機構都打電話來租借警察，人力用盡，我根本無法再增加人力，只能選擇性地分配人手。

當年我的角色也很尷尬，特別是被逼動武的時候。還有人一連幾天往我家裏打恐嚇電話，寄恐嚇信。但是，當年一進警校，我們就宣誓效忠香港市民、服從合法命令，維護香港正常的社會秩序是我們的天職，社會亂了，我們不去處理，誰去呢？

改良警察制服和防暴盾牌

我不怕跟人打交道，當警察後，我的上司大多是外國人，後來成了好朋友，所以我經常被人稱為「托大腳」，即拍馬屁去攀附上司的意思。其實是上司們欣賞我的為人和工作態度，我當警察這一生，很主動地根據經驗改進警務工作。

例如我們每年都有數次晉升機會，我第二次調回港島衝鋒隊不久，港島區總咩喳[8]徵得我主管同意後，給我一個重大的秘密任務，就是設計和撰寫一套警員升警目、警目升警長的升級試

---

8 甲級高級警長的俗稱。

題，供升級委員會使用。後來主管又叫我用業餘時間去訓練要升級的同僚，除了筆試要領，還有儀容儀表、應答技巧等，但那時我只是個小警目。

我還主動透過主管向警察總部P&D計劃發展處提議改良警察制服，並參與其中。香港警察以前那套制服不適合香港的氣候，冬季制服是生毛料的企領上衣，春天一出汗，就令人感到像螞蟻咬般難受，而且警員腳上穿的皮靴、紮的綁腿也沒有氣勢。我當年在大館行咇時在公眾面前滑倒了數次，一次在鴨巴甸街，另一次在砵甸乍街，路人見到都拍手大笑，令我全無威嚴。我覺得警察在公眾面前最重要的就是精神和醒目的儀表。人是衣裳馬是鞍，要提起神，首先得從制服入手，警察確實需要一套醒目而實用的制服。

後來有一天，跟主管高士登和高興華咩喳閒聊時，我主動談起自己的經歷和感受，他們認為我的建議很有意義，決定立刻成立設計小組，先由我們自掏腰包弄一套試試。除了我們三個，港島區總咩喳陳楚材先生也被拉進來，由我包辦大部分的設計概念。從冬季到夏季，從外衣樣式到襯衣顏色，再從服裝選料到皮帶帶扣，加上皮靴皮鞋，我們設計出一套完整的樣品，接着就去找人試穿。修改好後，再請港島區指揮官和警察總部負責裝備的人員過來，結果他們一看都說好。最後高士登就把我們的建議書呈上警察總部，讓警務處長予以考慮。幾年後，警察總部陸續下令更換新裝，我們的意見都被採納，那套制服也得到世界很多同行的讚揚。

透明防暴盾牌也是我們發明的。以前警察只有藤牌，我們發明了透明盾牌，試用成功後，警察總部也採納了，還委託政府新聞處拍了一部名為*The Shield*的影片，內容就是防暴操演，導演是防暴營指揮官譚保禮（N. Temple），由曾蔭培督察帶隊主演。新聞處派來的拍攝人員是上海人，廣東話並不流利，經港島區指揮官批准，譚先生選我作翻譯和副導演。後來很多國家派高級警官來香港跟我們學習，那部影片也被很多國家的警察洽購，為警隊帶來一筆收入。

外籍上司都深明我的為人，說我有着「犧牲小我，完成大我」的精神。他們後來不是當警務處長，就是當副警務處長或助理警務處長，一旦來我駐守的地方巡視，第一件事就是到我的辦公室，所以輪到中國人當我主管的時候，他們都會好奇我和外籍上司的交情。

兵頭不是好當的

1972年我升任咩喳後，在港島衝鋒隊做大隊長。香港警察的三類職級當中，員佐級，即初級警務人員佔大多數，咩喳就是員佐級裏面最高的職級。我從警校畢業後第二年，警察部第一次為有潛質的佐級人員開設直升督察的考試。當時警司很看重我，好幾年都鼓勵我去考，我沒有去，因為我的職業發展策略是做個咩喳。

理由很簡單，我們的階級基本套用英國軍隊的階級，咩喳就相當於軍士長，屬於兵頭將尾的角色，但是那些軍官，譬如一個上校要跟一個軍士長講話，他要先給軍士長致禮，因為他得尊重軍士長的資歷和經驗。在香港警隊裏，咩喳更是名副其實的兵頭，與社會直接又頻繁地接觸，有很多實踐和鍛煉的機會，上上下下都會尊重，而且在警隊改制之前，實權比督察還大。不過，要當好一個兵頭也不容易。

首先，自己要有實際的專業能力，並隨時保持職業敏感度。1972年的一天晚上，我帶隊到北角掃蕩一間非法賭檔。到了後巷，我忽然聞到一股鴉片的味道，涉毒比賭博罪行更嚴重，我立即調整行動目標，由抓賭改為掃毒。先安排人手把北角道和糖水道全部封鎖，再帶隊沿渣華道一路搜下去，最後果然在一棟樓的三樓查獲一個鴉片製造工廠，捕獲一名四五十歲的男煙犯。後來香港英文《星報》還給我起了個花名「狗公鼻」。我對與執行職務有關的事都很上心，隨時隨地觀察研究。

身為兵頭，要把隊伍的整體能力提升。我有一個習慣，每單案件抓獲犯人後，立即把案發現場變為教學訓練，教同僚如

何針對特定環境靈活運用警察戰術，以及如何保護現場、搜集證據和施行警誡詞。這些都很重要，但並不是所有長官都有耐性教導。譬如那宗鴉片案，抓到人後，我還要教同僚如何上堂對口供。疑犯請了大名鼎鼎的胡鴻烈律師，結果兩個星期後，疑犯被法院判決罪名成立。我們不但得到法官的讚賞，連輸了官司的胡鴻烈律師都稱讚我和同僚很專業，後來他還特意寫信給我上司，説是第一次見到我們那麼專業的警察。

當兵頭，危險關頭必須一馬當先。在案發現場，不管是持刀持槍打劫，還是劫持人質，我都衝在最前面，所以每次辦案回來，助理警務處長紀理士（E.P. Grace）經常叫我別太勇敢。但是，當頭的不勇猛，怎樣帶隊？當兵頭還要厚道，凡事多為同僚考慮。與我共事過的同僚都了解我的風格，就是要多

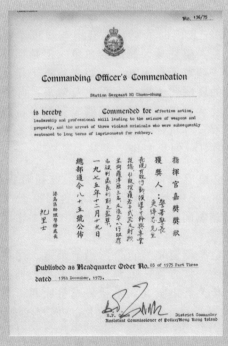

吳傳忠抓捕悍匪獲得的嘉獎狀

關照，盡量體諒別人的難處，平時管理要嚴、警務指導要細，但犯起事來處理要慎重，能輕就輕。

任何事做久了都會有所感觸，我後來體會最深的就是，警務工作的精髓是防止罪案的發生，能破案只是種能力，讓轄區太平，無案可破才算真本事。但要達到這種境界，單靠警方是很難做到的。

警廉衝突中的一次訪談

大約從1970年代末開始，我轉任衝鋒隊行政職務，此外還要忙於香港警察隊員佐級協會的工作。要說起這個組織的來歷，不得不提1970年代香港的廉政風暴。

香港曾長期被貪污問題困擾，1970年代隨經濟發展變得更加嚴重，所以在1974年，香港政府成立一個直屬港督的廉政公署，將之前由警方負責的反貪工作全盤接管。沒想到他們把矛頭指向警方，把我們員佐級當成代罪羔羊，多打蒼蠅少打老虎，一步步逼得我們站出來為自己辯解。

1977年10月，我在當值夜班時收到來電，號召各警區員佐級警員，除主要崗位外，都到界限街的警察運動場集會，公開討伐廉政公署的偏激行為。我立即召集所有沙展，議定留下三分之二的人力留守主要崗位，其餘的攜帶標語口號前去聲援。第二天，數千名警察又前往警察總部遊行抗議，最後引發了一場震動全港的警廉大衝突。

時任港督麥理浩爵士很有政治智慧，面對警察大動亂，他隨即發出特赦令，除案情嚴重和已發出逮捕令的，對其他警察停止追究，成功化解危機。事後他又從英國請來一位退休將軍潘頓（Pertern）成立委員會，調查事件起因並檢討警隊存在的問題。調查工作啟動後的第一步，就是走訪各警署，召見員佐級人員聽取意見。潘頓先生第一個去的就是港島區，第一個召見的就是我。我非常重視這次的召見，為公正起見，我特別要

求在會見期間必須有一位員佐在場見證我的陳述，他就是資深警長黃漢池先生。

我先跟他談了對肅貪運動的看法。貪污在香港早就成為習慣性的行為，1950年代立法局的會議上，就有位議員公開說不為警察加薪金，他們都願意工作，難道香港政府不明白他的意思嗎？對貪污盛行沒有責任嗎？還有，每逢過節香港人見面就說一句「祝你升官發財」，因為升官就有機會貪污！所以香港的教育和社會觀念全出問題，單靠一場廉政風暴反貪，我看並沒什麼希望。

因此，我敢說貪污絕對不是警察的專利，貪最多的也絕不是警察，其他政府部門和公共機構哪個敢站出來說自己是清白？香港法律授予警察的職責相當廣泛，上至達官貴人，下至小販乞丐，我們分分秒秒都要面對市民，很容易惹起不滿，比起商業賄賂案件，一旦被調查，很容易找證人。但是廉署全然不顧，放着社會上的老虎不管，專揪着警察一家狠打，能說是公正嗎？

至於廉署拿我們員佐級開刀，就更不公正了。警察部裏貪污誰最受害，還不是我們員佐級嘛！上級不貪，下級怎麼貪？而且我們升級都由他們控制，有本事的沒升，沒本事的倒升了。我們賺的本來就少，連吃飯都不夠，哪還能拿出錢來買官？尤其是從我們威海衞警察來講，基本上全在員佐級裏面混，在我們有限的行咇範圍裏，干諾道西就有家白粉檔，距離西區警署最多也只有200米；大館一下去是砵甸乍街，離門口最多20米的一條巷裏就有賣白粉的，再往下左轉到擺花街的一個二樓有開煙館的，難道長官真的不知道？即使員佐級裏有貪污的，也是被逼的。廉署大老虎沒抓幾個，倒來抓我們小兵，這分明是逼人狗急跳牆。

廉署對我們不公，警隊也是這樣。我們以前的階級跟着軍隊走，結果警務處長薛畿輔一上任，把員佐級的階級編製一下子砍掉兩個，我們敢怒不敢言，士氣大跌。還有，警隊裏督察以上的警官寥寥可數，但各自的職工會和會所樣樣俱全，我們

員佐級這麼龐大的隊伍，卻沒有一個能代表我們說話的組織，我們的意見和困難永遠達不到上層，這既不合理也很危險，更是本次事發的一個重要原因。

當時我對許多事情很有看法，也顧不上前途，借機把壓在心裏多年的話一股氣全說出來。事後潘頓給我主管打電話，讚揚我直言不諱，讓他成功開始調查，而且我的建議都很中肯，他會認真考慮。後來我倆還成了朋友，他退休時，我特意給他送行。

當上警察員佐級協會主席

當年潘頓調查委員會的報告呈上港督後，所提的建議均被採納，員佐級協會就在1977年獲准成立。在第一至第三屆選舉中，我均當選副主席，1982年第四屆又全票當選主席。

員佐級協會類似工會組織，是香港紀律部隊中最具規模的組織，主要職責是維護前線警員的合法權益，並在警隊基層與管理層和政府之間擔當溝通橋樑的角色。協會主席要定期走訪各警區，聽取各級的意見；以員佐級代表的身份，就薪酬福利待遇、服務條件等眾多問題，與各級各類警官協會、公務員協會和政府部門首長定期開會協商。

我印象最深的是以警察職方代言人的身份參與爭取恩俸改例。以前香港公務員的退休金屬於恩俸，人人有份，但如果犯了事或表現不好，就隨時可以被剝奪，因為那是「恩賜」來的，沒有任何法律保障。不過，當年這種事幾乎沒發生過，也就沒有人在意，到中英談回歸時，才發覺不對勁。我們是給港英政府工作才得到恩俸，將來特區政府取消的話怎麼辦？或者明明表現很好，但人家非說不好，我們能有什麼辦法？所以我們要求政府必須給我們改例，把恩俸轉為實在的長俸，納入香港法例。當年為了這件事，我跟財政司彭勵治鬧翻了。我很快便意識到自己超越了會議的底線，小息時我與代表的屬會同事先道歉，再向委員會全體人士為我個人行為致歉。

男女公務員同工同酬，我們都去參與爭取。問題解決後，女公務員又沒有房屋津貼，高官也沒有，所以都要逐個把老規矩改正。有時候難免有爭議，但都是對事不對人，最後全解決了。

有一次我到福群會參觀，看到他們通過電話為學生開展課業輔導後受到很大啟發。得到福群會主任的支持後，我就回去組建熱線電話功課輔導中心，為員佐級子女服務，後來擴展到服務全港有需要的學童及學生。以前有警察因為缺乏理財經驗，遭到追債，所以我又和警察總福利官袁國梁、David Lo，以及威海籍總督察周志行，共同辦了警察儲蓄合作社，爭取讓各級警員養成儲蓄習慣。凡加入合作社的，每月儲蓄多少由個人決定，但先得簽授權書，從其每月薪金扣錢。

做主席時，我也要處理很多涉及警員切身利益的個案。幸好我當年做值日官時，有許多機會細讀法律公告、指令等，不時還會拿出來研究，所以在處理類似問題時，幫了我很大的忙。

吳傳忠與員佐級協會同事討論會務，攝於1983年。

譬如長沙灣道警察宿舍中曾有對警察夫婦，因為丈夫辭職，福利官叫他們搬走。吵鬧了一年多，最後趕他們走，把東西全部搬到馬路上擺放。結果我向九龍的警察福利官和警察部的福利官打電話交涉，他們都說沒資格申請公屋。我把法規依據查到後，拿着去見九龍福利官，他說上面寫的是公務員，沒寫警察。真是荒唐，難道警察不是公務員？

還有九龍交通部的一名警員，也遇到類似情形。當時他得了腎病，香港沒法醫治，只能到外國去，但是治療費相當貴，需要八萬元，我就替他想辦法。結果從我們上司到福利處、醫務處，都說沒資格申請補助，這種事也沒有先例。我把政府相關檔案找出來仔細研究一番。結果，外出診治費、差旅費全解決了。

人人都有惰性，事不關己就容易敷衍。他們上級賺錢多，八萬元不當什麼回事，但基層警員一兩個月也賺不到那麼多。我常說，你欠政府一毛錢，政府能花一元郵資寄信給你，叫你去交回這一毛錢，反過來，我們應該享受的政府服務同樣也應該享受到，這就是原則，不可讓步。

坐在主席位上那幾年過得很充實，但也不輕鬆。1985年，我決定不再參選，結果引起警察總部等部門的關注，譚惠珠女士還親自接見我，了解退選原因並鼓勵我繼續參選。這全是我個人的決定，時代的進步日新月異，應該把位置讓給年輕人。警務處長韓義理還簽發嘉獎令，肯定我「對職員關係做出極大貢獻，著有勞績」。之後，我回到港島衝鋒隊，直到1990年11月退休。

內地幹部來考察，怎麼能說不值得？

1980年代初，我和太太第一次回故鄉探親。那時候我們從香港回去，政府都會款待，讓我們介紹工作情況，再提出意見。當時內地剛改革開放，我特別希望政府能鼓勵公務員多出去走走，拓闊視野，取長補短。後來我們在香港也招待過不少

來考察的管理層，竟然有香港人說管理層是來吃喝玩樂的，我覺得是他們的眼光狹窄。有一年，威海有位叫邵恒齋的副市長過來考察。有一天大雨傾盆，可是馬路上沒有積水，而他在等候的士時衣服也沒被淋濕。回到威海後，他就把街上的大明渠全都改成暗渠，上面做成花壇，改變了整個威海市市容，所以怎麼能說不值得？

我們的故事確實值得留下來

　　我從小就對古老的東西很有感情。現在威海政府支持威海衛警察這段歷史，我很感動。這是對我們最大的關懷，也是我多年的期望。早在山頂警署坐堂時，我就接觸了很多戰前的威海衛警察，對他們的人生故事很有感觸。

　　我們山東人漂洋過海來香港當警察，要說個個都優秀是不真實的，但整體而言，我們起碼當得起「稱職」二字。不謙虛地以我為例，在35年服務香港的歲月裏，我先後63次獲得不同級別的褒獎，獲頒警察長期服務獎章及長期服務獎章加敍第一勳扣和第二勳扣，並獲頒香港警察最高榮譽——榮績勳章。我們無愧於香港市民，也沒給故鄉丟臉。我們的故事屬於我們自己，也屬於香港和家鄉。想當年我們來香港，每一步都不容易，裏面的酸甜苦辣確實值得留下來。

　　我們當警察是為了養家，以及幫扶故鄉親屬，生活很艱難。譬如我在1958年結婚後，兩女一子相繼出生，岳母雙目失明，需要人幫忙料理家務。太太一邊繡麻布幫補家用，還要照顧孩子和兩個家庭的日常生活，種種事情全都一個人扛起來，讓我得以專心服務社會。這種情形在我們這個群體的家庭中很普遍，我也希望借這個機會把我們的記憶獻給威海衛警察的家人，衷心感謝他們陪伴我們走過那段艱難的旅程。

港督麥理浩代表英女皇授予吳傳忠警察榮績勳章，攝於1979年。

回去學學威海話再來吧

呂殿卿 1952年入伍

受訪日期及地點：**2010年5月18日於沙田大會堂**

留在家裏肯定會被挑去當兵

我於1931年在河南省臨潁縣出生。我的童年，先有日本侵華，後來又有國共內戰，所以我沒辦法好好讀書。共產黨來了以後，聽說要挑選適齡青年入伍。我家有六個兄弟姊妹，三兄弟中我年紀最大，根據經驗，如果留在家裏肯定會被挑去當兵。雖然我從未出過遠門，也只能離開家鄉。1948年，平漢鐵路因戰爭中斷了，我獨自一人從臨潁縣一路向南走，走了兩三天來到駐馬店，從那裏坐火車到漢口。當時火車上人多車少，非常擠迫，連站的位置都沒有。

我在漢口有個姓陶的姨丈，他介紹我到漢口交易街一間腸衣公司裏當學徒，其實就是做跑腿，負責送信。不到一年，我又到香港膠東公司漢口分莊工作。膠東公司也是做腸衣生意，專門出口到英國，總公司在香港筲箕灣亞公岩。漢口分莊的經理李邦言是山東人，我跟着他收購腸衣運往香港。我們的同僚大概有三十多人，全都來自山東。因為戰爭關係，只做了幾個月，共產黨就打過來，分莊只好搬到長沙，不到一個月又搬去廣州。1949年，我們就從廣州坐船來到香港。

我記得共產黨到廣州後，由於貨源中斷，腸衣廠沒法維持下去，我們就改行做繡花。繡了幾個月，還是維持不到生計，公司只好於1951年解散，每人給了300元遣散費。當時在香港找工作不容易，大部分人都回到內地，只有三個人留下來，其中一個就是我。

回去學學威海話再來吧

　　由於找不到工作，我們就一起去投考警察。投考警察要到西營盤警署，逢星期二招聘。早上人山人海，負責招募的警察叫前面的人站成一行，每行大概三四十人，再有警察在前面挑選，一行當中他只挑一兩個人，一天大概收二三十人。然後就檢查體能，要跑步、做深呼吸等測試。

外國警官在香港警察機動部隊觀摩防暴操，攝於1969年。

體能合格後，還有一個關口要過，你要是威海人，因為招聘的是威海衞警察。這時候，三劃[1]教官戚務敏問：「你來這揍麼兒？」我聽不懂，請他再説一遍。他照説一遍，我還是聽不懂，他就拍拍我的肩膀説：「老弟，你回去學學威海話再來吧。」

　　過段時間我又去考，也被選上，但這次沒有用威海話，所以我就順利通過了。我在1952年初進入警察學堂受訓，主要學習簡單的法律、警察規則、條例、法律程序，以及步操、射擊和使用槍械等，受訓期是六個月。我在同年8月25日畢業，被派出去，服務社會。當時山東人大多數都是駐守港島或九龍的衝鋒隊和交通部，這些地方我都守過，此外我還守過總督府、山頂以及大館。

暴徒煞星

　　我當警察之後一直很順利，沒有碰上什麼大事，直到1956年九龍發生雙十暴動。當時我駐守九龍衝鋒隊，衝鋒隊在每個地區都派有巡邏車，只要有市民撥打「999」求助，巡邏車便會立即趕到事發地點。一旦社會發生暴動，我們就會被編入防暴隊，支援警區平息暴亂。衝鋒隊的裝備最獨特的地方，是我們的白色頭盔，而其他警區的警察是藍色的。威海衞警察體格高大強壯，服從性強，防暴隊在衝擊暴徒時強而有力，聲勢浩大，所以在香港電車大罷工及1956年動亂中，曾被市民譽為「暴徒煞星」。衝鋒隊被編為一個個小隊，每個小隊差不多一排人，包括一位警目和七位警員。雙十暴動的時候我們被派出去，一連幾天都不能回警署。

　　我記得雙十暴動在李鄭屋邨發生，起因是親國民黨的人要慶祝國慶，在徙置區的大廈上掛國民黨的國旗。徙置區管理人員不讓他們把國旗掛在建築物上，就扯下國旗，引起很多群

---

[1] 「警長」的俗稱，下同。

眾不滿，因而引發暴動。街上的暴徒和屋邨樓上的居民把汽水瓶、石子等向警察亂扔，當時防暴隊不能控制人群，結果有一個外號叫「雷老虎」[2]的高級警官，九龍總警區第一把交椅，從一名防暴隊員手上搶來一支催淚槍，向人群放過去，才把人群驅散。

暴動持續了幾天，不只是九龍，新界的荃灣也有暴動。當時衝鋒隊不管到哪裏，如果餓了都是到雜貨店裏買麵包，也沒地方睡覺，只能借用學校的地方席地而睡。

不送禮就過不了關

在警隊想升職，英文很重要，但我們在內地幾乎沒有學過英文。當時警察是三更制，衝鋒隊的夜更是晚上11時到第二天早上7時。如果當夜更，晚上就有時間到夜校讀英文。如果有人不願出夜更，我就和他們調換，利用晚上的時間去夜校讀了幾年英文。

1959年，我和張華翼、張明鈞、周志行、苗華祺等人一起去參加Cadet Course[3]。參加這個培訓除了事先要通過筆試、面試，還要平時行為表現好，並要經長官推薦，受訓六個月之後，就可以晉升為督察。我是第六期，剛好從這期開始改制，受訓後不能直接晉升督察，還要到PTU[4]參加一個遴選（"selection course"[5]），一年一次，主要考核應對突發事件的能力。

當年警察部比較腐敗，PTU有一個花名叫「九紋龍」的英國人，是個總教官，如果不送禮物，很難過他那一關。那時候

---

[2] 外籍警官司雷諾夫（Wrightnorth）的花名。
[3] 警官學員訓練班。
[4] 即警察訓練營，成立於1958年，1968年更名為警察機動部隊。下同。
[5] 選拔課程。

警察機動部隊營隊受訓畢業時接受助理警務處長檢閱。

我沒有錢送禮物，所以我就陪着其他人白跑了幾次。直到他調走後，我才順利過關，升任督察。這一拖，從1959年到1969年，整整十年。

升職後我留在警察學堂當教官，教了兩年半學警，然後調到法庭做了七年主控官。我由中央裁判司署調到西區裁判司署，有時候調到銅鑼灣裁判司署，香港島三個裁判司署我都守過。後來調到九龍，又調到新蒲崗裁判司署，也頂替過南九龍和北九龍裁判司署的主控官。後來，因為警察人手不足，就由律政司署派出法律文員代替警察做主控工作，我們就回到自己的警察崗位。

首任良民證主管

1982年，警察部設了新部門，叫良民證辦事處。從1980年代初開始，很多香港人申請移民到加拿大、美國、澳洲和其

他國家，那些國家需要了解這個人是不是個好人、在香港曾否觸犯法律、有否犯罪案底，所以要求申請人到警察部申請一份「無犯罪記錄證明書」。

良民證辦事處成立時，我就申請過去做主管，當時還有幾個督察一起申請這個崗位，最後我被選中。最初我們在軍器廠街已婚警察宿舍下面一個雜物房擺了幾張桌子當辦事處。我的下屬有一個女文員和兩個女助理文員，另外還有三個警察。

辦理良民證時，申請人要填寫姓名、出生日期、住址、教育程度等資料，然後就打指模。申請費用大概每人270元，後來多人提交申請，收費就愈來愈便宜。我們每天要把收集的指模送到鑑證科指模部審查，有案底的，就把案底影印一份，最後把調查結果送回我們辦事處。如果身家清白，沒有案底，即是"No Record"，就蓋個印，發一張良民證，其實就是一封英文信件，證明這個人在香港沒有犯過罪。有案底的也給他一封信件，寫明警務署處長不能給他發良民證的理由，並將他曾犯罪案的記錄寫出來，何時何地犯了什麼罪，法庭給予怎樣的懲罰，例如入獄或罰款，內容很詳細。

最初申請人還沒有那麼多，後來人愈來愈多，我們一天最多可以處理二百多人，工作相當繁重。這工作我做了大約六七年，一直做到1987年退休。

退休後，我於1989年年底舉家移居英國。以前警察部不允許我們中國警察回內地故鄉探親，但他不是說「不准」，而是說回到家一旦發生什麼事，香港政府不會負責。我第一次回內地是1983年，當時仍然需要向警察部申請，並得到批准。回去之後還要到當地公安局報戶口，走的時候再註銷。那次我先去了漢口，因為我姐姐和最小的妹妹都嫁到那裏，我姐夫、小妹夫和外甥女當時都在鐵路部工作。之後我又去洛陽看望大妹，妹夫在洛陽冶金廠工作。接着我就到鄭州看二弟，他也是在冶金廠工作。最後回到故鄉臨潁，我弟弟在臨潁農村一間學校教書。

那次回去，故鄉感覺比以前進步，農民生活也比從前好。我家以前的舊房子沒有了，完全變了，村子好像也向南移了一點，村裏很多人見面都不認識。我弟弟告訴我，以前用牲畜和人手來耕田，現在可以用機器。那一次我還到臨穎縣南街村外面看，當時已經開始取消公社生產隊，但它還保留着，而且還有軍人站崗。

張錫鈞在山頂夏力道區段巡邏

從入學堂開始威海衛警察就比別人苦得多

張錫鈞 | 1949年入伍

受訪日期及地點：**2010年9月17日於香港警察體育遊樂會**

　　我於1930年出生，是山東煙台人。我的童年在亂世中度過，先是膠東軍閥混戰，後有日軍在1937年佔領煙台。1945年，第二次世界大戰結束後，煙台被共產黨解放，隨即辦了群眾運動，鬥地主、惡霸、資本家。緊接着，國民黨又進攻膠東，雙方你進我退、你爭我奪。

　　當時我正在讀高中二年級，為躲避戰亂，於1948年隨家人逃到青島。沒想到很快青島也變成了一座孤城，我只好再次逃亡，經上海前往南京，成為流亡學生。由於戰局瞬息萬變，國民黨軍隊節節敗退，共產黨開始要過長江，所以我又繼續向南跑來香港。

我駐守過的地方

　　來到香港以後，我發覺找工作相當困難，幸好香港政府要招聘威海衞警察，我在1949年3月14日進入警察學堂。當時剛剛在黃竹坑成立警察學堂，什麼設備也沒有。那時又缺乏警察，所以我在學堂裏只訓練三個月就畢業了。

　　香港警察把最辛苦和危險的警務工作全都交給山東人。我們從入警察學堂開始，就比別人苦。譬如港督年度大檢閱或儀仗隊迎接外賓時，一定要用長槍做軍操表演。在警察學堂，操練長槍的一

定是山東人。操練長槍時,人要站立很久,抬槍上肩時要用力往上抬,身體不可以動。如果不夠力氣,槍就會跌下來。在夏天的時候,手上的汗一多,就更難抬上去。山東人力氣好,體格高大,操起長槍來比較好看,所以只會用山東人操長槍。這種長槍步操不但辛苦,操不好還要挨罵,甚至受體罰。

出學堂後,我們一崗是四小時。由於社會不和平,又缺人手,所以工作四個小時回來後,還要在警署做四小時後備,沒有任何休息和吃飯的時間。尤其是衝鋒隊,所有事都要衝到前面,做後備休息時,即使睡覺也不准脫掉軍裝,一有事馬上就要出去。

張錫鈞駐守中央警署時,在兵頭花園巡邏,左為威海衛警察谷源洪。

威海衞警察出學堂後，一定要先到大館駐守一段時間，然後再分配到不同的地方。出了大館之後，我們主要被分配到衝鋒隊和交通部，還有山頂警署。住在山頂區的全都是外國人，中國人沒有港督允許不可以住在那裏。外國人認為山東人較為忠實，所以他們不准本地警察在山頂駐守。因此，山東人基本都要駐守山頂警署半年，總督府也一定要山東人駐守。我在山頂和總督府前前後後駐守過三次，凡是威海衞警察駐守的地方，我基本上都守過。

另外，交通部全是山東人的天下。指揮交通很辛苦，當年香港沒有交通燈，完全靠人手指揮，不論烈日暴曬還是風吹雨打，你都要站在馬路上指揮。除了指揮交通和執行相關法例外，以前香港沒有運輸署，警察還要負責簽發駕駛執照和車牌。我也曾經在中環林士街駐守過港島交通部，宿舍就在中央警署上面。後來交通部擴充，我們就搬到半山警署。交通總部還是在中央警署，上班、下班都有車接送我們。

在交通部，我們每天早上要把涉案司機和車輛的紀錄送到法庭，譬如他以往犯過什麼事，有沒有罰款和停牌，車輛顏色和外形等。此外，我還要把它們拿到發牌和考牌的部門。下班後，我要把又厚又重的紀錄送到香港警察指揮電台，晚上由警察的999電台負責。這個999電台設在中央警署巴瀝房四樓一個小房間裏面，規模很小，後來才搬到中央警署前面。

威海衞警察駐守的崗位和警區都會頻繁地調動，香港島和九龍的衝鋒隊和交通部是一年調一次，駐守警署三年調一次，駐守總督府三個月調一次。這是英國人的管理手法，絕對不會讓你在某個崗位或警區守到底。大家在一起時級別相同、彼此平等，要是你升級了，怎能嚴格地管理人家呢？

到處都是大火的年代

從學堂出來後，我先到大館待了兩三個月，之後就調到九龍衝鋒隊。那個年代香港的生活相當艱難，由於國共內戰，香

港到處都是從內地逃亡的難民，引發了許多社會問題，其中最缺乏的就是房屋。當時香港的房屋連本地人也不敷應用，難民只能跑到山上住破陋的木屋。木屋區沒有水電，甚至連廁所都沒有，一家數口就這樣蝸居在小屋裏，暗無天日，骯亂不堪。如果你是單身的話，連木屋都住不了。以前香港的唐樓只有三至四層，都會有一個騎樓，這些人就只能睡在騎樓底下。

還有一部分難民是國民黨殘軍和他們的家眷，生活基本上靠乞討和救濟，處境淒慘。他們最初住在堅尼地城和域多利道山坡上的木屋和草棚，那裏住的本來都是有錢人，後來難民愈來愈多，有錢人開始反對，加上左派經常惹事，所以在1950年，香港政府就把他們全部遷到調景嶺，派發木方和油皮紙，讓他們搭個油紙棚住，警察還去幫他們搬呢！

調景嶺既偏僻又荒涼，水、電、道路什麼都沒有，幾乎與世隔絕。他們的生活靠香港政府、教會和港台慈善組織的救助。後來，台灣國民黨來救濟他們，還興建學校，他們才逐步改善生活。

那個時代香港幾乎所有山邊，譬如深水埗、石硤尾、大坑東和九龍城，全是連排的木屋。這種用木板、油紙和鐵皮搭建的房屋，不能遮風擋雨，更特別容易失火，使成千上萬人無家可歸。一想起那個時代，我就會想起大火，當年九龍所有的木屋大火我都在現場，撲火、救援或維持秩序，我全都參與其中。

處理大火和動亂

當年那場難民潮，不僅令香港房屋短缺、失業率高、物價上漲和貧富懸殊，也對香港的治安帶來巨大的壓力。難民大多傾向國民黨，與香港的左派互相敵視，雙方互不相讓。當年香港的每間工廠和大機構，譬如大紗廠和電車公司都有罷工，大部分由左派工會策劃，使香港社會十分動盪。無論是大火還是動亂，威海衞警察一定要走在最前。

我在九龍衝鋒隊的時候，遇上1950年電車大罷工，地點在銅鑼灣羅素街的香港電車車廠。當時警察人手不足，所以不同警區之間時常要提供警力支援，隨時都要調派到其他地區，特別是碰上緊急或大規模社會動亂的時候。我們從九龍坐水警船趕到現場，工人用花盆和石頭丟向我們。1950年6月，韓戰爆發，衝鋒隊巡邏時要到深水埗、大埔道、青山道等堵截走私品。因為內地也有參戰，當時很缺乏西藥、汽油、車胎及鋼板，都要從香港走私。

1956年10月10日，香港發生了一次大暴動。起初由傾向國民黨的人參與，因為每年10月10日他們都要掛旗慶祝民國國慶。在1956年，李鄭屋邨徙置區職員撕去貼在大廈外牆上的青天白日旗，掛旗的人因而抗議，黑社會亦乘機作亂，很快就演變成一場大騷亂。

暴動發生後，香港所有警務人員全部取消休假，我們從大館趕到九龍支援。當時右派的人封鎖大埔道路口，迫所有過路的人高價購買國民黨旗。於是我們被派到大埔道維持秩序，設置路障，禁止車輛和人進入騷亂區。當時我們從來沒有應對大暴亂的經驗，也沒有適用的平暴裝備。我們日復一日地守住，連續幾天都沒有人理會，沒有水和食物，也沒地方睡。在大埔道四咪半[1]有一片住宅，住的大多是外國人。我們保護他們，他們就拿食物給我們，我們才不用捱餓。

雙十暴動對香港警察影響很大。以前警察部警車不多，也沒有自己的專職司機，全是加路連山政府車房的文職人員負責開警車。由於環境複雜萬變，警察必須不斷提高自己的反應及能力，但是他們屬於政府機電處，不受警察紀律約束。於是在1951年，警隊成立了警察駕駛學校，着手培訓警察司機。當時這種培訓按部就班，進度很慢。結果暴動時，那班文職人員竟然全都私自逃跑。自此以後，警察部決定盡快訓練自己的司機。為了加快

---

[1] 大埔道一處地點的俗稱，近石梨貝水塘。

培訓進度，警察部首先把具有基礎駕駛經驗或持有私人駕駛執照的警察調進駕校受訓，當時我也有被挑選。警察駕校在粉嶺，跟我同期的山東人有三十多個。從那時起，才慢慢地換成警察開警車。

1966年，香港又有一場大暴亂。這次暴亂的起因是天星小輪加價五仙²，引起社會不滿，有個叫蘇守忠的青年帶頭絕食抗議，接着出現遊行示威。當時我已經調到九龍衝鋒隊，在油麻地巡邏。起初我們從尖沙咀跟着示威的人群，結果卻演變成一場大暴亂。誰知道下一年香港又遭遇一場規模更大的暴動。

1967年，我在東九龍衝鋒隊開衝鋒車。九龍已經分成東、西九龍了，其中東九龍分九龍城、黃大仙、觀塘三區。5月13號，我們在黃大仙巡邏途中接到警察電台通知，說新蒲崗塑膠花廠有事發生。我們趕過去一看，原來是有一班工人在罷工，電台就吩咐我們留守監視他們。

很快電台又通知我們，有一班人要放火焚燒黃大仙徙置區職員的宿舍，叫我們趕過去。我一開車，經過大有街、衍慶街時，玻璃樽、石頭就從樓房上朝着我們鋪天蓋地擲下來，結果弄破了我的車胎。我馬上下車換車胎，當時只有我一個人換，其他人都在車上不敢下來。換好車胎再趕過去，房子早就燒了。

那時我的小女兒剛剛出生，太太要留在醫院動手術，家裏還有三個小孩需要我照顧，所以我休假回家照顧他們。當時左派放置很多炸彈，把社會弄得草木皆兵、人心惶惶。警察部沒有拆彈專家，只能借用軍部的人。回來後，我就被調到新蒲崗的彩虹軍營，開車載着軍部的專家到現場拆炸彈。

暴動持續了八個月，使香港各行各業全都停頓。它的起因本是一場勞資糾紛，結果被激化成一場損失慘重的大暴亂。令

---

² 即五分錢。

我最難過的是在沙頭角殉職的同胞，他們為了生計才當警察，跟參與暴動的人沒深仇大恨。

警察的薪金為什麼高？

從前香港警察的薪金只比其他紀律部隊高一點，很多人不明白為什麼會高這麼多。雖然同為紀律部隊，但是警察所承擔的責任、面對的工作風險和壓力，以及付出的代價差別很大，所以應當體現在薪金待遇上。以前香港不論發生什麼事，警察一定要首當其衝，之後需要哪個部門，才由電台通知，因此所有紀律部隊的工作都需要警察。

六七暴動期間，警察可以申請一個每月100元的特別津貼。當時的警務處長伊達善（E. C. Eates）就建議把這個津貼加進底薪，將來暴動平息也可以拿津貼。以後每次加薪金，也跟着加底薪，警察的薪金比其他紀律部隊高，很多人不知道這個原因。

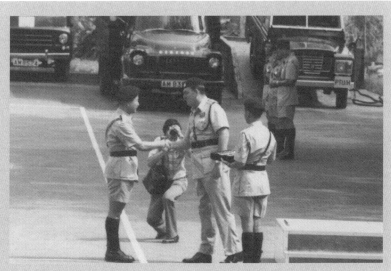

張錫鈞從警察訓練營校長手上接受長期服務獎章

後來我不想開車了，就申請到警署裏工作。我駐守過九龍城和觀塘，在警署的槍房裏清潔槍械。槍房有兩個人，一個人負責收發，上班時把槍枝發給警察，下班再收回來。我專門負責清潔槍械，每天往槍裏面放槍油、抹槍，因為裏面的來福線容易生鏽。尤其是警員巡邏時用的槍，有汗就更容易生鏽，所以警署裏一定要有專人天天為槍枝清潔。

　　後來警察機動部隊（PTU）的廚房需要人手，我又申請到那裏當廚師，工作了15年，在1982年申請退休。警察只可以做400個月，亦即是33年4個月，1982年我剛好做滿。那時候警察很缺人手，所以退休後我又續簽兩次約，到1988年才正式退休。

　　當年我們迫不得已，為了生存來到香港。起初我們在香港的生活也很困苦，遇上內地一波又一波的災難，平時給故鄉的接濟都有一定的支出。內地還沒開放前，我已經回過故鄉，直到現在，我差不多每年都會回去。以前每次回去都是大包小包，帶東西回去，就像搬家似的，但是現在的中國和以前完全不同了。內地以前什麼也沒有，農民都是吃不飽、穿不暖的；現在老百姓吃和穿都不成問題，生活都有所改善，尤其是深圳近三十年的開放，很快就要追過香港。

山東人只會被派到衛鋒隊、交通部、總督府和山頂

傅元直 1949年入伍

受訪日期及地點：2010年5月19日於香港島筲箕灣東旭苑東麗閣

　　我在1932年3月20日出生於山東威海衛東南村堂子巷。我的祖父從商，但是到爸爸那代已經沒有生意，家裏既沒有地，也沒有錢和產業，是一戶窮人家。以前在英國兵船上洗衣、煮飯的工作，都是我們山東人做的，爸爸也曾經做過。抗戰期間，爸爸因病從香港回鄉轉行，每天騎單車來往威海和煙台兩地間跑水貨，販賣布匹。

坐船七天來香港

　　我九歲就到威海清泉小學讀書，接受日本教育。日本投降後，八路軍就來到威海，那時我仍在清泉讀書。1947年，國民黨的大兵船攻打威海，八路軍便從城裏撤退。當時竹島南邊以外的地方屬於八路軍，北山則屬國民黨。實際上，國民黨白天才有軍隊駐紮，有時候晚上就坐船離開。當時威海城夾在中間，算是戰時的緩衝區，我們跟故鄉完全隔絕，不敢外出。後來，我們躲到山後合慶村，父親就到煙台跑水貨。

　　爸爸去煙台跑行莊時，認識了「洪記」綢緞莊的老闆，是一個姓曲的福山人。經他介紹，我們坐漁排子[1]去煙台。當時我

---

[1]　一種機動漁船的俗稱。

是一個小孩，被送到一所小學讀書。煙台解放後，我跟爸爸去天津，當時姑丈在天津做買賣，專門把東北的海參賣到香港。戰前，爸爸在兵船上當雜工時，在香港結識了一班朋友，其中一個名叫王學書，後來他在軒尼詩道天樂里開了個龍泉澡堂，所以爸爸來到香港的時候，就在他的澡堂裏工作，住在軒尼詩道37號。

爸爸離開天津的時候，本來打算將我和母親留在天津。在天津快要解放時，香港太古公司的「湖南」號要到天津，押船的警察是威海人，爸爸就託他接走我們兩母子。當時我們住在天津郊外的大王莊，我就去公安局五分局辦手續。我跟威海人說我們母子一定要去香港，他就讓我們離開。我們乘坐「湖南」號，花了七天才來到香港。那是天津解放後第一艘來香港的船，那時候坐船還必須用黃金。

跟着同鄉去考警察

1949年，我來到香港後，立即找我的大爺[2]傅正義。他是「春和盛」的老闆，當時我們沒有錢，所以他給我三元，讓我們乘的士去灣仔，有一位叫孟慶安的人把我們接回家。孟慶安白天在我們家吃飯，當過了凌晨12時，沒有人去爸爸的澡堂洗澡，他便去那裏睡覺。當時很多同鄉，譬如呂廷堯、戚其選等，都是經我爸爸介紹。

後來，我去灣仔僑光中學讀書，學費每月要30元。可是我聽不懂廣東話，英文也不行，所以沒有繼續讀書。加上當時家裏的經濟環境不好，看到孟慶安和他的弟弟孟欣都去當警察，我便跑到七號警署投考，結果成功考上。當時警察部有一位郭海粟咩喳，整天在「春和盛」打牌，我還沒接到入學通知，也沒驗身，他便叫我進學堂，所以我第二天就入學堂當警察。

---

[2] 即伯父。

當時警察學堂在黃竹坑，我們班共47人，編號從4701到4747，班主任是楊玉發。畢業後，我們全部被派到紅磡警署，到九龍城出崗。後來第一次調動，大家都學駕駛，我就被調派到大館，在中環「行咇」。當年山東人只會被派到衝鋒隊、交通部、總督府和山頂，其他地方都由廣東人負責。那時候就連行咇都不行，因為「有錢賺」，你巡邏這條街，有街市就可以收錢。

當時大館裏的山東人很少，因為我們威海衛警察基本上不會到市內行咇，全都會被派到山頂。廣東人排斥山東人，就像排斥「摩羅人」一樣。那時候我們外省人不能接近他們。

「雙十暴動」暴徒燒嘉頓

雙十暴動那年，我負責駐守港島衝鋒隊。當時我們在警署當後備，突然聽見警鐘緊急集合，大隊長林督察和副隊長地瓜帶着我們一個中隊前往九龍。那時候通訊沒有現在這麼發達，我們連收音機也沒有，所以還不知道發生了什麼事。

我們坐上工務局的大板車，頭頂上什麼也沒有。從彌敦道、佐敦道一路往上駛，磚頭和玻璃瓶劈哩啪啦從上面掉下來，我們趕緊拿藤牌擋着。那班人又燒車又堵路，街上堆滿商號招牌和馬路交通牌。趕到九龍衝鋒隊總部後，我們就開始編隊，被送到青山道嘉頓麵包廠實行封路。

一到現場，人群立刻衝過來，朝着我們擲玻璃瓶和石頭。那時候有一輛軍隊的救護車朝着我們衝過來，結果撞到大埔道一架消防車。開車的英兵很年輕，只懂得哭。接着欽州街又來了一班暴徒，一衝上來就開打。到這種時候，大隊長仍不敢開槍，只知道施放催淚彈，但他們人多勢眾，催淚彈根本起不到作用。我們無計可施，只好往後退，接着嘉頓就被焚燒。

後來水警從欽州街上來支援，很快就把人群驅散了，我們也恢復路中心的控制。深水埗的警司布洛爾（Blower）當時也

來了，叫我們往前一直推進至周生生金店，也就是石硤尾的十字路口，命令我們當天晚上守住周生生金店，因為他收了別人的錢！我們就在路口守了一整個晚上，誰也沒有吃飯。當時有一間很小的內地公司，門被砸爛了，我們為了飯碗，誰也不敢過去。

天亮後，周生生金店斜對面的酒家知道我們沒吃飯也沒睡覺，就邀請我們去吃飯和喝茶，由政府結賬。當天九龍很亂，九紋龍[3]和獨眼龍[4]過來以後，我們便回港島休息。當時4801小宙克[5]也在那裏跟着雷老虎。他們一過去形勢就有所變動，好像戒嚴，開槍了。

3　外籍總督察蓋義(L. Guyet)的花名。
4　外籍見習督察高士登(Tony Gosden)的花名。
5　威海衛警察阮雍政的花名。

六七暴動爆發後，港督戴麟趾視察港島衝鋒隊，攝於1967年7月。

1967年那場暴動，我在交通部當庶務助理，負責派飯票。當時交通部不准我們外出，所以我便在警署負責派飯，有吃有喝卻不用工作。可是我們的主管麥基雲（Ronald John McEwen）在怡和街被炸死了。我們交通部不用出去，他去到卻扒開炸彈看……我曾經去過他在堅道的紅屋，一個蘇格蘭人就這樣在香港死了。

我們那時候很苦

當年在警察學堂，我年紀最小，沒吃過那麼多苦。操場上的瀝青被太陽曬得融化了，鞋子被黏得抬不起來。再者，如果長槍操得不好，步操走得不好，排隊不整齊，或者動作慢，教官有黑色皮造的指揮棍，揮棒打你。因此，出學堂時，楊玉發送我們一句話：「苦度四半[6]，甜頭來了。」意思是出學堂後就好了。然而，我們還是要受他們控制，無論出崗還是吃飯都沒有甜頭。

當時我們一崗是四小時，還有「四兩」，在警署做後備不准離開。譬如白天12時當更，下午四時放工，晚上再當12時到四時的更。但是8時到12時你不能離開，要留在警署，隨時徵用你。

吃飯的費用太貴了，我們每月薪金是180元，但是山東飯堂的伙食費卻要70元。後來我們改吃廣東飯，到廣東飯堂買40元的飯票。我們跟廣東人不同，山東人沒有外快，他們出去就有錢收。我們的薪金是固定的，交伙食費後，擦鞋、洗衣服各要5元。每個星期還要剃頭，忘了是8毫還是1.2元。不剃不可以，剃得不好也不可以，特別是在交通部，每次出崗前督察都要來檢查。

6　即四個半月警校受訓期。

守山頂的時候，我們會去買一元一包的安樂園餅乾和一元的嬰奶，廚房大師傅老鄒晚上會拿蒸饅頭給我們。老一輩的警察對我們的監管很嚴，一定要你在指定時間和地點簽簿，我們都要照做，要是他打小報告，我們就會丟了工作。

　　當年被這個制度規管，我們都很有規矩地出崗。有個編號2841，花名「老鱉頭」的警察，在皇后大道中的娛樂戲院附近負責指揮行人過馬路。名醫周錫年在華人銀行大廈三樓行醫，亦是立法局華人議員。有天中午他去吃飯，在斑馬線上慢條斯理地走在最後。老鱉頭就催他：「肥佬！快點呀！」於是，周錫年打電話給交通警司，說老鱉頭不尊重他。結果老鱉頭就被解僱了。他起初還不知道怎麼一回事，回來後坐在牀上哭。

　　老鱉頭是一個幽默的人，他學廣東話就跟小孩學說話一樣，只知道胖子叫肥佬，根本不知道這是句沒禮貌的話。後來有一班咩喳為他伸冤，他才幸運地工作到退休。我們那時候來到香港，一個人沒有地方可以去。一旦被解僱了，怎麼辦？沒有人會理你。

當警察必須根據實際情形開展工作

戚其昭 | 1955年入伍

受訪日期及地點：**2010年5月18日於沙田山莊**

　　我於1933年出生，是山東省威海衛人，故鄉本來是北山後的戚家山村，我祖父那個時候搬到城裏。祖父很早就去世，我的父親是長子，所以按照中國的規矩，他就是一家之主。

「你走吧，離開家吧。」

　　我們家曾經是一個小康之家，有生意買賣，也有田有地。後來時代變遷，我們的生意被查封，土地也被充公，從一個小康家庭，一轉眼變成什麼都沒有，那時候生活很困難。1948年，父親就帶着我到天津找親戚，希望他有辦法幫我們。

　　到了天津，正是內戰打得最激烈的時候。我曾嘗試過繼續讀書，結果不成功。我們根本供不起私立學校的學費，市立學校人又太多，當時他們要招200個學生，結果有1,000多人。當時是國民黨時期，你要是沒有人際關係的話，很難進學校。因此，我們父子倆只好到街上「擺地攤」來維持生活。

　　1950年，父親跟我說：「你走吧，離開家吧。」我就坐火車沿津浦路一路南下，經深圳進香港。當年我選擇去香港，就是為了生活，希望能找一份安定的工作，不但能照顧自己，還能照顧到留在天津的父母。我是獨生子，沒有兄弟姊妹，所以一定要供養父母。

那時在香港找工作不容易，我當時的中國歲數是18歲，其實只是17歲。有兩種工作可以試，第一種是進紗廠當學徒，第二種是投考威海衛警察，即是威海衛警察。我試過到紗廠面試，他們只要16歲的人，所以我只能選擇第二條路——投考威海衛警察。我到西營盤警署考一次就幸運地考中了。

苦學英文 連升四級

在警察學堂訓練四個月後，我就出來做警察。我漸漸發覺，在香港，尤其在警隊裏，你不懂英文，就沒有前途，所以從1953年開始，我就去夜校修讀英文。學校現在叫新法書院。

在警隊裏，我們每天分三班。早班從早上8時到下午4時，中班是下午4時到半夜12時，晚班從半夜12時到第二天早上8時。你要學英文，就一定要跟學校的時間，所以我那幾年就完全當夜班。夜班比較辛苦，白天睡覺感覺始終不實在，都是渾渾噩噩的。

這種情形持續了四年，我從ABC開始學，最後英文水平達到香港中學會考程度。1957年，我在警隊裏順利通過面試和筆試後，進了警察學堂，受訓六個月。之後，我就成為一名督察，對我來說是連升四級。

從督察到總督察

當上督察之後，我就負起前線管理的職責。我駐守過荃灣警署，做過新界的交通部，也駐守過警察學堂。在學堂，我最初任教交通深造班，後來也教過學警。那個時期，招聘警察對學歷程度要求不高，小學五年級就可以。考試就是讀一段報紙，你照着默寫，然後是身體要健康。教學警並不辛苦，不過他們的文化水平低，很多東西比較難解釋。譬如一進學堂，我會要求他們寫一篇自我介紹的文章，結果就有很多可笑的地方：「我只有一個爸爸，我只有一個媽媽。」誰的親生父母不是一個？讓他介紹自己，結果他就只寫這兩句話。

1966年，我經過遴選，又升任高級督察。之後，我當過港島西區法庭的法庭主任，後來回到警察學堂做行政工作。1967年，香港暴動期間，我正好被派到英國，在布萊姆希爾警察學院深造六個月。結果一回到香港，大概警察學堂跟我有感情，又把我送回去。這回教的課程比較難，是一批警署警長。對於這班人，你不能馬馬虎虎地教，因為他們有實戰經驗，對於警務工作及香港的法律都比較熟悉，他們提的問題比學警深幾層，所以你不能簡簡單單地講，一定要再深一層解釋。那時每天放學回到家裏，我還要準備第二天的教材，十分忙碌。

　　1971年，警隊有新制度，所有高級督察經過甄選便晉升總督察。以前高級督察需要考試和挑選，改制後，總督察需要考試和挑選，高級督察就不需要考試，純粹是講求年資。你做滿七年又沒犯錯的話，就可以評為高級督察。晉升總督察後，我駐守過中區警署、機動部隊、筲箕灣警署、灣仔警署和跑馬地警署，最後駐守交通總部，負責香港島、九龍和新界所有的交

戚其昭教官（右一）在警校畢業典禮上，攝於1964年。

通告票。我於1977年被英女皇授予警察榮績勳章，1990年從交通總部退休，這就是我40年的警察生涯。

必須根據轄區實情開展工作

不同的警署轄區裏有不同的情形。譬如說中區，我們都知道它是香港的經濟中心，銀行、大企業和珠寶商全都集中在那裏。如果他們出事，警察脫不了關係，因為那是我們的責任。可是，我發覺有一樣很矛盾也很有意思的東西，銀行每天都有很多鈔票運來運去，他們有自己的保安和裝甲車來運錢，通常不需要警察。而珠寶商每天也有很多珠寶送來送去，可是他每次有多少珠寶，由哪裏運到哪裏，警察都不知道，因為他們有自己的保安系統。我曾經跟珠寶商商量，他們回答自己所走的路線，甚至帶珠寶的人，都是天天不同，直到每天要出門才會告訴你今天要走哪條路。他們不想把每天運珠寶的路線泄露給外界，所以警察對這些事完全不知情。他們對警察很尊敬，我們彼此間也有很多聯繫，可是有些資訊，他們不會跟警察分享，這是中區的特點。

灣仔區是個中小商業區、飲食區和消遣娛樂區。中小商業區是做生意，而消遣娛樂區則有很多夜總會和酒吧。在灣仔區，警察的責任比較複雜，對做生意的人，我們不需要擔心，主要是擔心娛樂場所，尤其是酒吧，經常有美國兵跟英國兵喝醉酒打架，灣仔區也有很多無牌妓女。其實對我們警察來說，妓女問題，世界上任何一個城市都有。如果一個妓女出賣自己的身體，並得到她應得的報酬，沒有人受傷害，也沒人有損失，所以我們要注意的目標不在妓女身上，也不在嫖客身上，而是黑社會。凡是有這種情形的地方，黑社會一定會插手，所以我們針對的是黑社會。灣仔的情形比較複雜，罪案也比較多。

跑馬地區比較多跑馬、踢足球、大慶典、百萬行、歌舞表演等，因此主要是處理人群的聚散。碰上星期六或星期日，要跑馬或者踢足球，突然會湧進幾萬人來，結束後又馬上要離開，所以我們主要是控制人群，不能讓人群過度興奮，一定要把他們的情緒穩定下來。跑馬地的罪案最少，因為外人過來只看馬看球，那裏沒有大商場，沒有人在那裏長時間逗留，罪案就比較少。

筲箕灣又是另一種情形。我去駐守的時候，它還是個老區，多數是住了幾代的本地人。二戰以後，內地來了一批新移民，多數被安排住進山上的木屋區。筲箕灣居民都是很能吃苦、很守規矩的人，而原住民還保持着中國傳統生活。有一樣筲箕灣可以得冠軍的，就是死亡報告多。死亡報告就是人死以後，如果沒有正式醫生簽署的死亡證，證明他因何而死，我們警察就要接手調查，然後把死因寫成報告交給死因裁判法庭。我最初去的時候很驚訝，別的警署，跑馬地就不用說了，灣仔、中區一個月也就7宗，但筲箕灣一個月起碼有30宗。後來經我研究，發現原來當地居民思想保守，不到最後一分鐘是不會把家人送到醫院。到最後不行了，才想起要趕緊送醫院，往往在到達醫院之前，人就死了，那當然就沒有醫生簽發的死亡證了。

以上都是我守過港島各警區裏的特別情形，警察的工作因此也有不同，所以我們必須要根據環境與實際的情形工作。

兩件印象深刻的案件

數十年的警察生涯裏，沒有什麼大案子經過我手，但有數件事印象還是挺深刻的。第一件是在1960年代的時候，香港交通法例增加了一條罪名——危險駕駛引致他人死亡。以前這種情形，你可以控告他危險駕駛，甚至控告他誤殺，但是這兩條法例嚴格來說都不太適合實際情形，所以增加了這一條。這條條文發出後，發生兩宗交通死亡案件。第一宗因為證據的關係，只把控罪改成危險駕駛。我辦的是第二宗案子，肇事司機

是中環街邊的一個小販，他剛考獲電單車牌，就跟朋友到新界遊車河，結果因為不夠技術，就發生意外，撞上別人的車。他自己沒有大礙，最慘是他那位朋友給撞死了，所以控告他危險駕駛導致他人死亡，罪名成立後，他入獄兩個月。那宗案子雖然是我經手的，但我很可憐那個人，畢竟他是個新手，死者又是他的朋友，所以我有點同情他。

另外一件事，發生在沙頭角檢查站的一處路邊空地上，很奇怪也很可笑。老年人大多喜歡在大樹底下邊工作邊聊天，有一次，一輛小貨車走到那裏，突然駛離馬路撞到一棵樹，把樹底下一個老太太當場撞死。奇怪的是，我們調查時，所有在場的人及村裏的人，沒有一個人肯講這件事。詢問村長後，原來老太太的兒子不務正業，整天回去伸手向他媽要錢，後來老太太不給他，他就在那棵樹上吊自殺。一年之後，老太太被車撞死在同一棵樹下，村民就認為是兒子回來找他媽的麻煩，沒人願說，更沒人敢說。更奇怪的是，當我們把貨車司機和車後送貨

戚其昭在九龍交通部（中），右為威海衛警察陶傳祥，攝於1957年。

的人分開問話時，兩人竟然不約而同地說，當走到那個地方，突然起了一陣鬼風，把人吹得迷迷糊糊，清醒後就發生意外。

我們只好把案件送上法庭，但是仍然沒人願意到法庭作證，去說明當時的實情。結果連法庭都找不出一個恰當的理由來結案，最後判她死於意外，也沒人去追究她究竟是死於意外，還是被司機不小心撞死的，法庭給這宗案件命名為「鬼風」。

劉守通晉升為警署警長，駐守柴灣漁灣邨派出所，攝於1977年。

史密夫，就記了一輩子

劉守通 | 1953年入伍

受訪日期及地點：2010年6月17日於香港島數碼港貝沙灣第一期會所

我在1937年出生，故鄉在山東威海衛合慶劉家疃，日本人在我一歲的時候佔領了威海。當時父親在英國船上當廚師，我四歲那年，他提議全家去香港，不再於鄉村生活，於是母親就帶着我和哥哥離開故鄉。來到香港後，我們最初住在威菲路兵營，即是現在的九龍公園。

我們來到的時候，香港已經淪陷，看見日本人不行禮的話就要挨打。我在街上隔着鐵絲網清楚看見日本人把中國人綁到木柱上，然後放狼狗跑上去咬。哇，很殘忍，太沒人性了！我真的很害怕，所以從小我就特別憎恨日本人。

後來父親覺得香港也不太合適，就提議全家坐船到廣州。廣州的日本人一旦外出，中國人就拿螺絲批和鐵鉗打他們的頭，打得滿身是血，一看見就打。

13歲在英國兵船當洗衣工

後來我們回到香港，住在干諾道西。及後搬到灣仔，父親在英國人的紅樓（Sailors and Soldiers' Home）裏繼續當廚師。紅樓位於現在警察總部的對面，是教會辦的廉價酒店，專門招待當兵和跑船的人。當時我的兩個妹妹剛出生，家境不太好，所以直到九歲我才上學。家裏不清楚學校的事情，自己也

不明白，所以我不是從一年級往上讀，而是插班直接讀四年級，結果根本聽不懂。

我13歲那年爆發韓戰。有艘英國兵船"D34 Hotel"在添馬艦招洗衣工，我就去應聘當「小孩」[1]，跟着兵船上日本海、韓國保護美軍航母。當時前面有一艘加拿大船，航母在中間，後面就是我們的船。白天飛機去轟炸，晚上就用艦炮轟過去，雙方攻打了數個星期。

其實香港法例並不允許13歲的兒童工作，但當時沒人理會，根本不當是一回事。有天晚上實施燈火管制，兵船上所有燈都關掉，接着就朝岸上發炮。交戰中我們那條船中了炮彈，炮台被打壞，還炸死了一個英國人。隔天另一條船來接防，我們就到日本修船，再駛回香港。回到香港後，家裏覺得太危險了，就不讓我做了。當時新界有英軍駐守，父親跟朋友合股開了飯店酒吧，我又去廚房當了兩年「小孩」。我還試過去啟德機場當挑泥工，薪金五元一天。很多事我都想去做，但是父母不同意，後來才去考警察。我家裏條件不好，只有找到工作才能幫補家計。

警校那六個月很黑暗

1953年，我16歲跑去考威海衞警察。考官問：「你怎麼這麼小，才16歲？」我說：「按我們故鄉規矩是報小了，按香港的陽曆算，我應該18歲。」他們又說：「你這麼瘦，也不夠磅。」我說：「以後我吃好點不就夠了。」就這樣，我年初去考，4月15日到警校受訓，編號4805。

那時我還是小孩，沒捱過多大的苦。警察訓練完全是非人生活，我們受的都是軍訓。當時天氣剛剛轉熱，大熱天只穿短

---

[1] 即練習生、服務員。

褲站到太陽底下暴曬。香港的太陽太猛了，長槍都曬得燙手。操場是瀝青鋪的，都被曬到冒煙，站久了連鞋都會被黏住，要慢慢用力才能拔出來。

教官不近人情，他的做法就是要「吃住」我們這班人，他想怎樣就怎樣，動不動就體罰，而且打得太狠，一點人情味都沒有。教官是中國人，而且是我們同鄉楊國威！當然，他有自己的職責，不過就是做偏了一點。當年在警隊裏給上司孝敬，給長官送個禮，是相當普遍的。我們只是剛入學的小小青年，又沒人教我們，哪知道這些亂七八糟的規矩？比起外面，這些做法在警察學堂裏還未形成風氣，算是比較乾淨的地方。結果，他自己有那個想法又不明說，轉彎抹角地叫我們自己識趣點。他明說的話，去孝敬一下，我們誰都不會在乎，何苦要挨打呢？

其實法律上是不允許他打人的，但外國人看不到，看見也不會管。畢竟你中國人打中國人，關他什麼事？我們班上39個人，後來碰上個人情時節[2]，就一起商量送小禮物給他。那6個月很黑暗，好不容易才捱過去。

幸好當警察的薪金還不錯，剛入伍時每月有165元。因為我們是山東人，還有30元海外津貼。想當年老廣[3]都很羨慕，不明白怎麼我們多30元。現在的人可能感覺不到，那時候在香港，30元可是一筆大錢。

你說以前多專制

吃完六個月的苦頭，畢業後我就調出去服務市民。進學堂時大家都一樣，但畢業分配時差距就出來了。譬如有的分到九

---

[2] 傳統節日，例如新年、中秋節等。
[3] 威海衛警察對廣東籍警察的習稱。

龍交通，我就派到港島交通，這兩個地方比起來環境差很遠，九龍交通好太多了！在香港警隊裏，港島、九龍、新界三個地方的警察完全不同。港島警察斯文和善，九龍警察心狠手辣，而新界警察就相當野蠻。不狠不野蠻，他口袋不就空了嘛。這事不好說得太細，就說這麼多吧。

駐守港島交通部時，我要在花園道打手號指揮交通。以前香港的高官達人都住在山頂，交通警最緊要是記住他們的車牌，尤其是警務處長車牌號碼「1234」的專車。不管上山還是下山，只要看見它來，就要叫停其他車，趕緊讓它先過，決不能叫它停。不管多好的車，上山時它停了再開，可能就開不動了。別的車還好，要是讓大官的車碰上這種事，你就有麻煩，因為當年非常官僚。我們平時都是按時上下崗，但大官有時提前上班，往往令我們很被動。守了半年左右，我就被挑出毛病。

當時我們住在大館，宿舍四樓有個山東廚房。山東人早飯最緊要的就是大蔥、雞蛋和麵包。大蔥炒好了，再打一隻雞蛋進去，加上一杯奶茶，吃飽就去上崗。有一次人多，我吃得慢，有個外籍大官提前上班經過，看見沒人當值，就把我稟向上級[4]。不管以前多盡忠職守也沒用，定了我失職，罰我兩天薪金。當時你一犯事就不能留在原地，因為你給上司添麻煩，所以我被調到大館，後來又去總督府。

那場暴動真殘忍

1956年，我在半山巡邏，值4時到12時的中崗。突然有警車在周圍叫喊，說有突發事件，要所有警察上車。回到大館，就看見樓上有機關槍瞄着下面，防備有人衝上去，之後我就知道九龍有暴動。我們立即更換裝備，到碼頭上船過海前往九龍支援。在九龍總部分好隊後，我們被派往深水埗，當時那裏有很多巴基斯坦籍警察。

---

[4] 把違紀行為報給有司懲處。

不管是左派還是右派，抓回來以後，都在院子裏抱着頭不准動。巴基斯坦籍警察太沒良心，因為不是自己的同胞，就拿着棍打手又打腳，還有的「啪」一聲就把人打得頭破血流。他們用的藤棍從印度傳過來，兩邊都是銅頭，最初供騎警對付暴動。有守則說明不能用來打頭，只能用來打膝蓋以下的腳跟，但那時候他們太沒規矩。

　　在今天紅磡的理工大學，當時臨時開了個飯堂，我們到那裏吃大鍋飯。警署裏沒有睡覺的地方，我們抱着長槍在走廊倒頭就睡，連續幾天都沒時間洗澡洗臉刮鬍子，真是非人的生活。後來場面控制了，我們才坐郵政局的郵船撤回大館。

　　六七暴動時我在灣仔警署，7月11號，防暴隊在英京酒樓附近拘捕新華社記者薛平，外國警司把他的記者證撕破，薛平在警署裏抗議。晚上新華社來了三個人要求見署長，鍾斯說署長已下班，並否認警察無理拘捕薛平。7月19號，法院以煽動暴

劉守通（圖右）與同僚和警犬在舊灣仔峽警署（現已改為警察博物館）留影，背面為金馬倫山道，攝於1956年冬天。

亂罪判薛平入獄兩年。北京隨即採取報復行動，宣佈限制路透社記者格雷的行動自由，實際是軟禁他。當時我就覺得中央政府辦事效率很高，過去政府做不到的它能做到。後來薛平入獄兩年，格雷也被軟禁兩年。

史密夫，我記了一輩子

年輕人跟上年紀的人很容易有代溝。駐守灣仔時，我們說話沒大沒小，上年紀的人就看不順眼。譬如人家說：「你個小鱉養的！」我們就起哄說他們：「老鱉養的！」言語上得罪老前輩，他們就會報告上級。當時我也被人打小報告，說我又怪又不順眼，開始找我麻煩，非要把我這個眼中釘剷除不可。當官的要找一個小兵麻煩，隨便就能找到，但我不認錯，根本就是莫須有。

凡事都要有根有據，可是很多人就是不願去查清楚。有一天，我要去聖保祿醫院接哥哥出院，沒去聽郭海粟咩喳講例，結果事情鬧到灣仔區總指揮官。聽完我的解釋，他讓咩喳去醫院調查。結果他騎電單車出去約十分鐘就回來，報告說沒這回事。天啊！明明是真的，難道我能憑空捏造出來嗎？他來回只用十分鐘，有可能嗎？

那次我很委屈，一氣之下打了封辭職信呈上去。沒想到長官看完後，對我說：「這件事咩喳已經查過，不過你還年輕，希望你能像我那樣。我以前也碰到這種事，犯個小錯就被人家打小報告，有冤無路訴，只能自己哭。但我最終堅持下來，沒有放棄我的未來。你現在正年輕，我也年輕過，將心比心，我理解你，所以這次我不採取紀律行動處罰你，希望你能為自己的將來繼續努力，也希望三年後，你還能記得這件事，回頭再想想我今天對你說的話，這封信我就幫你撕了吧。」

他說的時候我就哭了，真的很感動。結果我一做就是37年，最後以警署警長的職級榮休。人雖然有很多種，也不管是

外國人還是中國人，都應該對自己的未來始終抱有希望，多替未來着想。如果因為年輕不懂事，為了一點點小事就半途而廢，不需要也不應該。那位長官曾經希望我把那件事記三年，但是那件事，尤其是他這個人——史密夫，蘇格蘭人，我記了一輩子。

當上威海衛警察的「飯頭」

叢子超 1952年入伍
受訪日期及地點：**2010年11月10日於西灣河太安街**

　　我是叢子超，1933年1月3號在山東省威海衛長峰村西疃出生。當時中國已經開始抗戰，日本人佔領東北三省，成立滿洲國。1940年，日本侵略中國，家母帶着我去廈門，投奔在那裏工作的爸爸。我們乘船到上海，再由上海乘船到廈門。

幾經波折轉到香港

　　太平洋戰爭爆發後，日本人佔領了廈門公共租界。廈門是一個島，四面環海，糧食供應依靠內地運送。後來所有海路都被封鎖，很多人跑到內地，我們沒有辦法離開，就在廈門捱了數年。那時候生活很苦，沒有糧食，什麼都要吃，身體變得很虛弱，很多人因此而死。戰爭結束後，內地人回到廈門，卻又發生鼠疫，俗稱老鼠瘟，很多人病死。當時我只有十多歲，也染病了，在醫院裏昏迷半個月，幸好家母日夜照顧我，最終才可以捱過去。

　　後來，家母決定帶我回故鄉，不再留在廈門。那時候交通不方便，我們坐船到上海，打算之後再北上。想不到由於國共內戰的關係，我們被迫留在上海。幸好得到上海的親戚照顧。我已經耽誤了幾年時間，無法正常讀書，只好唸夜校，父親定期從廈門寄錢給我們。在上海停留大約兩年，我在1949年坐船來香港，當時父親在淺水灣酒店當保安員。

當上威海衞警察的「飯頭」

那時候香港生活艱難，找工作也很困難。我沒有繼續讀書，而是到紗廠工作。紗廠的工時很長，每天要工作12個小時，但薪金很低。剛開始的時候，他們視我為養成工，每天只有一至兩元薪金。

後來，我看見很多同鄉都去投考警察，我在1951年也跟着去考，而且很幸運地被取錄，檢查身體之後，就於1952年正式加入警隊。進入警校以後，本來應該接受六個月訓練，當時人手短缺，所以我們只訓練五個多月就出學堂。出學堂以後，我首兩年駐守港島衝鋒隊，當時戚富國和谷殺妹[1]都在那裏。之後我被調到大館守了半年總督府，又先後守過港島衝鋒隊和交通部。守衝鋒隊時，灣仔律敦治醫院對面山上經常有抽白麵[2]的人。另外，我在大館上英文班，當時的教官是一位博士，雖然個子矮，但寫得一手好字。

1956年暴動發生的時候，我正好駐守九龍衝鋒隊，但沒有參與鎮壓，因為當時我的職責是「飯頭」。所謂的「飯頭」，源於當年香港由英國人管治，他們聘請威海人、印度人和巴基斯坦人過來當警察，為了照顧不同的飲食習慣，各自選一個人出來負責伙食，因此俗稱為「飯頭」。每日三餐吃什麼，以及食材的採購，還要聘請兩個廚師。飯頭把每天的伙食打理好之後，就要去琢磨第二天的伙食，月尾還要打理賬目，把所有的開支列出來，告訴大家這個月的開銷及每個人的開支，不過飯頭自己不用出錢。

飯頭是個專門的職位，只需要負責飯堂裏的伙食，不用做其他事情。這個角色像酒店裏的大廚，也像一個伙食管理員，同僚吃得好不好都是他的事，與廚師無關。做飯頭並不輕鬆，眾口難調，安排每天的食譜及月底收集飯費也很傷神。當年飯

---

[1]　威海衞警察沙展谷盛昭的花名，後來移居巴西。
[2]　「白麵」是海洛英的俗稱，抽白麵指吸食海洛英。

頭都是選出來的，如果做得不好，每個月都可以改選。我駐守港島交通部的時候，因為沒有巴瀝房，所有人下班後都上八號警署，叫我幫他們做飯頭。當時我不情願，結果做了半年。當我調到九龍衝鋒隊的時候，他們知道我這個聲譽，又再叫我做飯頭。

在偵緝訓練學校當庶務警長

我在1960年申請到總部當庶務警員，當時庶務警長是谷昭華。一年多後，我又申請到刑事記錄室（CRO）。1972年，我在總部升職，偵緝訓練學校剛好有個空缺，我就申請去當庶務警長。當時偵緝訓練學校仍在香港仔的舊警署，後來搬到牛頭角，就在啟德村對面那座山上。那裏以前是英國空軍軍官會所和宿舍，現在歸香港浸會大學所有。當年有棟房子，愛丁堡公爵和雅麗珊郡主來香港都住過。1980年被我們接收，我負責跟軍部的人辦理交接。

香港警察偵緝訓練學校門牌

庶務警長的職責像管家，每天的工作主要是管鑰匙。我們執行寫字樓朝九晚五的工時，不是24小時當崗。早上8時半以前我就要去開門，晚上再交待工人去鎖門。學校和學生所有用品的領取與發放，以及每間課室裏傢具的日常管理，也由我負責。有一位文員協助我登記每間課室裏的傢具，所有傢具根據傢具表詳細登記在案，如有變動，就要更改表格，必須符合現狀才可以。我每天都要進去檢查，因為少一件不可，多一件也不可，不能少也不能多。

此外，跟普通警署不同的是，因為是在訓練偵緝探員，我們需要佈置不同案件的模擬現場，譬如模擬一個謀殺案現場，就要在裏面佈置一些證據，然後讓學員自己去搜集。我們的學員要訓練三個月，最後兩星期到模擬現場搜集證據。我們按教官的要求去佈置，間接影響考核結果與學員的評分。

我在偵緝訓練學校工作，直至1988年年底退休。兩年之後，我回過威海看看家鄉的生活，感覺不錯。有人說我當警察的時候所負責的工作很重要，但我自己覺得沒什麼特別，我的故事與同僚相比真是差天共地。我這個人很平淡，過去的事都是歷史。

位於觀塘道的偵緝訓練學校舊址。該建築物於1934年建成，原為英軍空軍軍官會所及宿舍，現為香港浸會大學視覺藝術院。

大事憶舊

國民黨在港資產案

王禹生 1948年入伍

受訪日期及地點：2013年10月15日於香港島羅便臣道十號嘉兆台

我生於1924年7月21日，是山東威海衞東萊海村人。父親王樹芬有四個兄弟和三個姐妹。其中，我大姑媽嫁給神道口的戚仁亭，他以前做過威海衞商會會長，很有名氣。父親從小就跟我祖父務農，後來分家時，我們家分到幾畝薄地和一輛木頭大板車，父親就靠趕大車替人運貨來賺錢養家。

後來，大姑丈戚仁亭把父親叫到威海城裏開客車，在威海和煙台之間跑來跑去，而我那幾個哥哥也外出學生意，所以農活和那輛木頭車就落在我和媽媽身上。直到13歲那年，我才到羊亭鎮于家疥讀小學，後來又轉到前里口村姜家疃小學，小六畢業後考上育華中學。

那時候日本人已經佔領威海，不論城裏還是故鄉，有錢的還是沒錢的，生活都愈來愈差。條件好一點的還能吃豆餅、花生餅和豌豆胚子，窮人家就只能到山上摘樹葉、挖野菜充飢。

育華中學因為有八路軍工作隊加入，課程有所轉變。八路軍工作隊經常進中、小學召集學生，稱我們為「敵前學生」，帶我們到張家山八路軍根據地去參觀和學習。我也曾到過張家山，他們自稱來自東北民主聯軍、新四軍，又說是華南八路軍抗日一中隊，還曾打下幾個偽軍的堡壘，又教我們唱八路軍歌，我在那裏逗留兩個星期才可以回家。

第一次出遠門

抗戰勝利那年，日本人剛走，八路軍就進駐威海，緊接着就是鄉村翻身復仇、清算惡霸、分田入戶，亦即是土地改革。這個鬥爭運動隱藏着很多因素，為了揪出「地主」和「惡霸」，五花八門的鬥爭大會一個接着一個。雖然說的是鬥地主、惡霸、資本家和漢奸特務，但到後來很多普通人家，甚至連他們自己的人也都被批鬥。

我的大姑丈在日治時期是商會會長，被列為頭號清算鬥爭目標，所有家產全部沒收。不過在解放前，他就帶着孩子到青島，留下我大姑媽、她一個姻親，以及大姑姐在威海。為了保命和避禍，大姑媽連藏起來的東西都向眾人坦白，結果三人還是被趕到一間耳房裏。最可憐的是大姑姐，大家都知道她只是管家，財產已經全部交出來，但還說她不老實，天天把她拉出去鬥個死去活來。

那時候跟他們沾親帶故都很麻煩。我三哥王洪臣原本跟着大姑丈學生意，被趕回家後，聽說他也要被鬥，就在倉惶間跑去煙台，接着又去青島，最後跟同鄉結伴來到香港。來到香港之後，他發現香港的語言文化和生活習慣跟我們北方差別太大，而且工作更難找，糊裏糊塗地在朋友指引下跑去當威海衛警察，警號2605。

三哥離開家鄉的時候，我就讀的育華中學也陷入半停頓狀態，經常被村委徵召去拆威海衛的老城牆，很多學生私下動了往外跑的心。有一天，我背着父母去找村長，謊稱要到煙台做小生意，求他給我辦一個通行證。拿到證後，我就回家向父母道別，當天深夜趕到煙台。朋友幫我辦好去青島的手續後，我就匆匆上路了。那是我第一次出遠門，而且還在打仗，所以路上一直提心吊膽。我在育華中學的同班同學例如叢碧輝、叢如敏、谷昭華等人，也都是這樣跑出來的，後來都跑來香港當警察。

糊裏糊塗地當兵

來到青島後，我到大廟山的國華中學讀書。這是一所由國民政府專為全國流浪學生而設的學校，學費全免。後來我跟着國民黨的回鄉團回到威海。回鄉團就是後備警察，職責是跟在軍隊後面負責維持佔領區的秩序，當時我思鄉心切，就跟着回去。國軍在威海沒佔到多少地方，我們並沒有固定的辦公地點，從來沒到警區執行過警務，只是有時候會跟着局長沿海岸線巡查沿岸的村落。在威海待了幾個月之後，我們就在1948年3月坐軍艦撤到煙台，接着就被整編，我就這麼糊裏糊塗當兵了。當時我被編入衞生隊，天天學打針、包紮和清洗傷口。衞生員全被送到葫蘆島的錦西鎮，繼續接受戰地救護訓練。在錦西鎮駐守大約三個多月後，我們又在1948年7月奉命南下蚌埠，半路上又被直接派往上海待命。

我在葫蘆島的時候，找到多年不見的二哥王純生。我從葫蘆島軍港出發前，二哥跑來塞給我一個很重的包裹。打開一看，內裏全是銀元，還有些金子，數目相當大。沒想到，那是我跟二哥的最後一別，從那以後我再也沒有見到他。

來到上海後，官兵可以分批上岸休息，當時我就打定主意逃走。我穿着一身整齊的軍裝，在人多的地方跳上一輛電車。確定沒有人跟蹤之後，我大膽地走到大街小巷裏的攤檔和店鋪尋找同鄉。

路過一間包子店時，我忽然聽見裏面有說威海腔的，進去以後老闆很熱情，知道是同鄉還請我吃肉包子。我問他認不認識一個叫劉保昌的同鄉，劉保昌是前里口劉家疃人，是我的小學同學，當時在上海經商。沒想到，他還真的認識劉保昌，轉眼間就找到人。得知我的情況後，劉保昌把我帶到他家裏。我跟他說錢不是問題，只要買到船票我立刻就去香港。他為這事奔波了兩三天，後來親自把我送到船上，在碼頭上等到起航才轉身回去。

香港警校威海衞警察第五期畢業合影，後二排右二為王禹生，攝於1949年3月12日。

當時上海相當混亂，對外交通十分緊張，飛機輪船都是一票難求。我走得很順利，這個經歷讓我深深體會到結交益友的重要，交朋友切忌為利益而交，劉保昌的真誠付出，我畢生難忘。那個部隊最終去了徐蚌戰場，而且戰敗。當年調景嶺的國民黨殘軍裏，就有很多我以前的袍澤，其中不少人後來也當了威海衞警察。

跟哥哥一起當警察

來到香港當天，我就住進八號警署三哥王洪臣的宿舍裏。沒過多久，他就帶我到大館找姜永清咩喳，介紹我考警察。姜咩喳還揶揄他説：「你自己都不願當警察，還要你弟弟來當警察。」考的時候，先由楊玉發沙展讀報紙，一共有七十多字，考生聽完後再把它寫出來。當時有個姓張的人，好像既不是威海人也不是山東其他地方的人，楊沙展的話他根本聽不

香港警察新界交通部成立儀式上，警司檢閱首批交通警察，前排左一為警目王禹生。

懂。不過楊沙展人很好，允許他多問幾遍，還教他怎樣寫。當時有不少像他那樣的人，估計都是冒充威海人，畢竟那時候在香港找工作不容易。1948年12月12日，我進了警察學堂，警號2866，只訓練三個月就畢業了。

當警察後，我感覺到生活輕鬆多了。每月的薪金除了接濟故鄉父母，都儲起來為將來成家立室做準備。這個時候，我的弟弟王景波也由鄉間來到香港。因為弟弟年少，一切開支需要我和哥哥兩人來照顧。我們把他送入亞皆老街的德明中學讀書，畢業時適逢姑母和姑丈遷居台灣，便把弟弟送到台灣攻讀大學。後來他在台灣做生意，事業有成。

警校畢業時，楊玉發沙展把我們帶到大館分配崗位，我被派到九龍交通部。當時我們駐守每個地方一般不能超過六個月，九龍交通部在同僚當中極具競爭性，而我又是個新丁，所以只守了幾個月就調到港島衝鋒隊。

那時候的衝鋒車都是開篷或者帶篷的重型大貨車，連無線電通話機都沒有。每個小隊有一個警目和七個警員，其中每天有一名警員放假。碰上衝鋒車不夠用時，就用車把我們送到警區，然後下車步行巡邏。每隔一兩個小時，隊長要向店鋪或市民借電話報告巡邏情況。

後來我又調到山頂警署，那個地方一天到晚都見不到多少人，工作相當單調。每天除了常規巡邏，就是在更前和更後做後備。還沒駐上一個月，我就突然被借調到九龍衝鋒隊，跟我同樣被召去的50人，全是威海衛警察。我們被編成一支特殊隊伍，跟着九龍助理警務處長泰萊，專責保護政府官員去執行高等法院令，處理國民黨在港資產。

國民黨在港資產案

當時從內地撤過來和原本就設在香港的國民黨機構有很多，資產數額驚人。關於機構和資產的歸屬，內地和台灣競爭激烈。我們執行的第一項任務是徵用「永灝」油輪。那條船由日本人建於四十年代，是當時最先進的遠洋油輪，後來在台灣被美軍炸沉。抗戰勝利後，日本人把它撈上來送給國民黨。因為損壞得太重，就送到香港黃埔船廠修理。1950年，「永灝」跟着香港招商局起義後留在香港，一邊修理一邊等內地接收。結果後來爆發韓戰，英國人害怕油輪回到內地，所以下令把它徵過來。

1951年4月12日，我們出發執行政府的徵用令，當時出動軍艦和水警輪以防萬一。到場以後，船員強烈抵制我們，堅決不讓警方和政府接收官員登船。我們自己架梯子上船後，泰萊處長就宣讀高等法院的判令，要他們限時交船和撤離，否則警方將使用最低武力清場，最後算是和平解決，香港的報紙也有報道，不過聽說內地很生氣。

我們執行的第二項任務是到土瓜灣的卑利船塢，協助政府接收人員維持現場秩序。那一次比較順利，泰萊處長宣讀完法

院令後，雖然有些工人喊口號，但在警察的勸導下都離開船廠。對我們來講，只要不發生肢體衝突就算是圓滿。

第三項任務是執行美國民航空運公司申請「兩航」在港資產案，不但轟動香港，還驚動英美政府。內地解放前，國民黨就把「兩航」撤到香港，結果1949年底他們起義，除了十多架飛機飛回內地，還有71架留在香港。這件事可把國民黨氣壞，也很害怕，想方設法不讓它們回內地。飛虎隊的陳納德跟蔣介石很要好，就和魏勞爾註冊一個美國民航空運公司，要買這些飛機。不過當時香港政府不想開罪內地，前前後後折騰了三年。最後也是因為韓戰，加上美國人幫忙，英國人就把這批飛機判給陳納德。

1952年7月，我們到啟德機場執行判決令，內地代表也是堅決不移交，還有過激行為，我們只能避免局面進一步惡化。事後內地也是很不高興，不過事前他們也搶運大批航空物資回去，還有很多專業人才也回內地，那可是最值錢的。

1950年代我們參與處理的國民黨在港資產案多不勝數，難以詳述。任務持續相當長的時間，並得到高等法院按察司和首席大法官的嘉許。任務完成後隊伍就解散了，多數人都升了一級，我也升為警目，之後就留在九龍衝鋒隊。

我的酸甜苦辣經歷

對於那個時代，我記憶最深的就是九龍的木屋大火。1940年代末到1950年代初，大量內地難民跑到香港，但是香港的住房根本就容不下那麼多人，他們只好自己去找些木板甚至是紙板搭個窩棚來住。木頭本來就不防火，那些木屋又全都建得密密麻麻、水泄不通。撇除消防設備，難民的防火意識也不高，燒柴之類的火種到處都是。因此木屋區成為一個個定時炸彈，每年都火災不斷，一燒就是一整片，動不動就有幾千甚至上萬人傾家蕩產、無家可歸。譬如1953年聖誕夜石硤尾那場大火，一夜之間就把幾條村燒得一塌糊塗，五萬多人淪落街頭。也是

從那開始，香港政府才開始興建公屋，解決難民和低收入人群的住屋問題。當年大火實在太多，我參與救援的也不少。記得有一次在救援現場，隊友苗豐超從火場裏把一隻小豬救出來，結果當場就被上級升為警目，成為威海衛警察的一段佳話。

1960年代初，我在港島衝鋒隊當小隊長，帶領一小隊共七名警員坐巡邏車巡邏。在一個初夏，我值夜班在中區巡邏，時間是晚上11時到清晨7時。約在早上6時左右，我讓駕駛員把車停在中區畢打街與干諾道中交界處。當時我坐在司機旁，後座的警員也沒有下車步行巡邏。正當我們進入夢鄉時，無線電通訊員喊叫："Dawson! Dawson!"我睜開眼睛時，竇信先生，香港島區的助理警務處長已經站在車頭盯着我。

結果，除了無線電通訊員外，其他五位警員各被記大過一次兼守行為一年。我作為警目，因罪名嚴重和繁多，安排改期給中區警署警司開審。在等待判刑期間，我天天都在苦悶中度過，還不敢回家讓老婆知道。最終，我被降級，由警目降為警員，守行為三年。經過這次的教訓，我被判罪隔天就調到九龍衝鋒隊，不到一個月又調到九龍交通部，一星期後再被調到港島交通部，像人球般被踢來踢去。

我在港島交通部碰上六七暴動，暴動平定後就被調到灣仔警署，沒多久又調去深水埗警署。由於我是從交通部升上來的，所以見上級時，署長決定給我七個新丁，專門去檢控十四座的違例小巴。他還特別提醒我，說這份工作很敏感，要自己小心。

果不其然，我接手沒多久，警署裏有權勢的人就來找我，叫我檢控時不要太嚴厲，我就警覺到有惡勢力。不過我仍然按規矩完成我的工作，結果很快就被人投訴，說我涉貪。不過這項投訴沒有經過廉署，而是交由深水埗警署自己調查。調查期間，我被調到何文田警署。

當時何文田警署還在興建中，我就到九龍城警署做後備。這段期間深水埗警署的調查結果出來，不但投訴不成立，我反

而得到九龍總區指揮官的讚賞，説我工作優秀。同年，我到機動部隊學習西餐廚藝和酒吧管理。學成歸來後，何文田警署已竣工，我就到那裏的警官餐廳主理大廚和酒吧，一直做到退休。

我從年少離家，四處漂泊、吃盡苦頭，輾轉來到香港，以後再也沒有回過故鄉。我們那個時代來香港，誰也沒打算一輩子留在這裏，總想過幾年就回去，沒想到我只能等來生。我這一生很平淡，但不管怎樣，威海都是我的根。我生在那裏，又從那裏出來的，這輩子人回不去，能把我的故事帶回去，也算是我魂歸故里吧。

難忘三年零八個月的淒慘

畢順海 1958年入伍

受訪日期及地點：2015年3月12日於銅鑼灣道星巴克咖啡店

我生於1937年，故鄉在山東威海衞南竹島村。爸爸於戰前來到香港，家裏三個孩子當中，只有哥哥在威海故鄉出生，我和妹妹都在香港出生。我剛出生三四個月，媽媽就帶着我和哥哥回到威海。我祖父在故鄉捕魚維生，1941年我跟爸爸媽媽回香港後，再沒有見過他，現在回山東，連他的墳墓也找不到。

威海衞曾經是英國租借地，所以山東威海人全都為英國人工作。爸爸在戰前曾經為一位英軍司令官做廚師，官邸在太子道近亞皆老街，門外還有印度人看守。

最淒慘的三年零八個月

1941年，日軍攻佔香港，開始了香港最淒慘的三年零八個月。爸爸最初到牛奶公司做雜工，結果因為長期營養不良，才幾十歲的人，雙眼就像盲了似的，看不見東西。幸好有人請他去幫別人看守房子，每個月薪水有100元軍票。雖然當時100元軍票買不到多少東西，但我們至少有一間屋可以住。房子在漆咸道，近九廣鐵路火車橋，業主是個富裕的外國人。那間房子很大，鐵閘門兩旁各有一根石柱。我和哥哥每天蹲在那兩條石柱旁，好像滙豐銀行門外的那對石獅子。

鄰屋是日本軍官的宿舍，有一天，一個老婆婆正在挖草根和野菜充飢，突然來了一個日本人，放出一條狼狗把她活活咬死。再隔不遠還有一個日本軍營，曾經有人偷了他們一架單車，一個日本人硬說是我偷的，拿着棍子來我家打我。當時我只有幾歲，怎能偷到那麼大的一輛單車呢？

從前我們住在深水埗的時候，我像一隻小馬騮，經常只穿「孖煙囪」，從深水埗警署走去京士柏，一路上四處尋找欖核。那些欖核已經丟在地上很久，我撿起來取裏頭的欖仁來充飢，但大部分已經壞掉。現房屋司署所在地，即是當年的京士柏木屋村的遺址，村旁有一條繞山邊小徑，直達紅磡山谷道的一條入海大石水渠，當時它還是一個荒山。

我第一次上山時，看見山上有鐵絲網圍着，還挖有很多大坑，裏面全是死屍。坑邊還有很多條木柱，每根柱子上都綁着一個中國人。接着，一個日本人走過來，頭戴一頂帽子，肩上搭一條毛巾，手拿一把東洋刀，下身只裹着一條毛巾。當時我才七歲，很好奇他要做什麼。他拿起那把東洋刀，「砰」的一聲，一個頭顱就掉進坑裏。有時候「砰」的一聲過後，頭還沒有砍下來，血就不斷往外流。即使不殺他們，他們也會死，因為他們已經餓得不似人形。

香港重光後的景況

我家向海，在1945年，我突然看見海上有很多軍艦駛過來，就跑去告訴爸爸。他的眼睛當時開始好起來，一看就說：「咦？飄着英國旗的？」下午突然又來了一大批英國海軍，從尖沙咀沿着漆咸道，朝我家的方向操過來。我們什麼都不懂，都在哇哇大叫，爸爸也在喊：「怎麼英國兵進來了？」接着他們就在我家門口停下來，旁邊日本官兵集體列隊，向英國軍官敬禮，再交接軍刀。

有一天，一列火車從漆咸道火車橋駛來，很多人爬上去，打開車門搶東西，好像是罐頭。媽媽叫我一起去搶，但她有繁

腳，我又是小孩子，沒能力跟着一起搶，所以只能去撿那些被人丟到地上的東西。我們一人拿了幾罐回家，滿心歡喜地打開一看，全是油漆！我們目不識丁，拿回去的全是油漆。

日本人投降後，漆咸道那座房子的屋主回來了。1946年，我們搬到旺角弼街，之後在灣仔駱克道租了一間板間房。那時候爸爸開始行船，我們便開始有飯吃。他在戰前就為英國人工作，懂英文，所以戰後很容易在英國軍營和兵船上找工作。當時他在兵船上沒有薪金，只有一袋米，他就把米扛回家吃。

在香港的山東人，特別是威海衞人的上一輩，很多都選擇行船，而且大多是行兵船，英國人也樂意聘請山東威海人。他們在船上工作的同時，私下也做走私，不過他們運的不是毒品也不是軍火，而是糖精和火石，爸爸也漸漸能賺錢。

直到1948年，我才去駱克道的僑光小學讀一年級。當時我已經很高大，坐在椅子上比老師還要高。升二年級的時候，因為我長得比其他同學高很多，不敢繼續在那裏讀下去，就轉到堅尼地道的同濟小學，直接跳到四年級。當時我已經12歲，年齡和體格都比其他同學大。

我的表姐住在灣仔光明街，她丈夫也是行船。後來她懷孕了，在石水渠街的醫院分娩，剛好我往返學校都會經過那裏，媽媽就叫我去接她出院。我替她抱着嬰兒，沿着皇后大道東走，剛好被老師看見，之後他回到學校就說：「為什麼畢順海娶了老婆還來讀書？」原來他見我長得高大，以為那個嬰孩是我的！

父親離家後的艱苦生活

從1948年到1955年，我斷斷續續地讀了五年書，都是跳級。初時讀書可以用米來交學費，後來學校要收學費，而那時候我們家也開始沒錢。

爸爸到日本行船，被日本女人吸引着，於是另起了一頭家，再也沒理會我們。我的媽媽叫苗月香，故鄉在威海衛北竹島村，戰前跟着爸爸來到香港。日治時期，爸爸在牛奶公司工作，每天下班都會帶幾顆糖果給我們，媽媽把糖果放到樽裏儲起來，再拿到戲院門口變賣幫補家計。爸爸營養不良，眼睛看不見東西後，媽媽又去賣舊衣，換幾兩米回來給爸爸吃，希望他能盡快康復。結果，我們的生活剛開始好轉，爸爸就走了。

爸爸不再理會我們後，家裏的環境真的很差，我們家三餐難繼、一貧如洗，日子很難過。韓戰爆發後，美國軍艦經常來香港，很多人被僱為苦力上船搬貨，搬一件貨能賺10元。當年一天能賺10元可以稱得上是打工皇帝，但是那些美國貨很重，我沒有力氣去搬。有些人狡滑，搬着這麼重的東西，就想打開看看，順手偷點東西，結果，打開後發現全是美軍屍體，在軍艦的雪櫃裏早已雪至僵硬。

1956年，我出來社會找工作，但那時候很難找工作。我最初到美利堅餐館的廚房做「後生」[1]，每月薪水50元，後來加到70元。可是我受不了廚房裏的油煙，引致氣管發炎，不能繼續工作。1957年，我到尖沙咀麼地道做銷售員，天天站在街上，靠那「半桶水」的英文與外國人溝通。當時受匈牙利事件的影響，來的都是法國遊客，沒有英國遊客。

當時，邵氏電影公司正迎來最光輝的年代，拍了很多齣電影。我的哥哥入了邵氏，沒幾年就成為名角，藝名「金漢」，我嫂嫂是「凌波」，他們紅極一時。不過屬於他們的那個時代已經過去，現在不但年輕人，連四五十歲的人也不一定認識他們。

---

[1] 指做一些簡單低技術工作，因大多由低學歷的年輕人做，故稱為「後生」。

那麼容易就賺到五元

我們家隔壁是一間電器舖，有時他們要在行人路上搬貨。有一天，突然來了一個警察，兇神惡煞地說他們阻街。老闆很聰明，馬上拿出5元給他，那個警察把錢收好，拋下一句「搬快點」，之後就離去。我每月的薪金只有100元，當時遊客少，沒有生意，老闆心情不好，隨便就罵人。我很驚訝他能那麼容易就賺到5元，加上心有不忿，所以就心想：「不如考警察吧！」

當時香港警察分三批，巴基斯坦警察、本地警察和威海衛警察。我是山東人，本來想投考威海衛警察，我第一次去考卻考不到，因為我聽不懂考官楊國威的山東話。其實我能聽懂威海話，只是不會講。楊國威是煙台牟平人，他的口音跟正宗威海話並不相同。之後我轉考本地警察，一考就考到。

香港警校結業操，右二為步操教官畢順海。

我讀書不多，幸好考警察的時候是用中文考核。我出學堂後，才知道原來老一輩的警察是不識字的！當年跟我一起巡邏的老警察，甚至做沙展的，都不識字。我們上班時需要抄下通電內容，寫入個人記事簿裏，他們都會要求我來代勞，所以我們這些識字的年輕人，很受他們尊重。後來時代不同，有些人懂得更多，還懂英文，可以做督察。

　　1958年10月21日，我進入警察學堂，和我同期的只有我一個山東人。當時不同籍貫的警察編號會分開，分配號碼的時候，人家會問你是不是山東人，如果是的話，就給你一個威海衞警察號碼，讓你畢業後跟山東人一起工作。因此，雖然我考的是本地警察，但我做的是威海衞警察，編號2827。以前的威海衞警察都享有海外津貼，俗稱「僑居費」，但在1958年4月1

畢順海（中）在警察機動部隊工作，時任警署警長。攝於1973年。

日，警隊停止招募威海衞警察，僑居費就隨之取消。我10月份才進去，所以沒有受惠。

畢業後，我先後駐守過山頂警署、港島衝鋒隊和中區警署，1968至1971年在警校任教官，之後駐守香港仔警署。1972年升任警署警長後，我又陸續守過西區、筲箕灣警區轄下的柴灣分署和石澳警崗，直到1991年退休。

威海衞警察不會臨陣退縮

我最難忘的是1967年的暴動，當時我帶着兩個下屬在天星碼頭發現一個土製炸彈，其中一個上去踢一腳，但沒有爆炸。炸彈專家到場後，立即要求所有人遠離。引爆之際，我才知道炸彈的威力是如此大，如果再多踢一下，相信我們三人不被炸死也會變殘廢。

暴動發生在新蒲崗大有街，我帶領七個警察，外加一個CID便裝探員，跟隨一位巴基斯坦籍督察趕去現場。當時樓上有很多人往下擲東西，下屬不斷說要走，但督察不允許我們撤離現場。我當時只是個「兩劃」，也不敢多說什麼，只能帶隊繼續站在那裏。沒過多久，樓上摔下一塊巨石，「砰」的一聲就擊中那位CID探員，其他隊員立即四處逃竄，只有督察仍然站在那裏一動不動。根據軍部的法例，臨陣畏縮觸犯軍法，不被槍斃也會被送上軍事法庭。

所以我說英國人很聰明，他們為什麼要請威海人當警察？他不需要你識字，他看看你的手，如果十分粗糙的，就知道你本來是老實的農戶。我們威海人十分聽話，本地警察適應香港的環境，碰到那樣的場面很容易會逃之夭夭，但如果全換成我們威海衞警察就肯定不會。

當年香港很不太平

叢碧輝 1949年入伍

受訪日期及地點：**2010年9月7日於沙田大圍美林邨**

　　我於1929年正月出生，故鄉在山東威海衛長峰東疃。祖父以前在韓國專門收購木材運到威海，當時不是以船來運送，而是做成一個個木排，從海裏拖過來。祖父做了很多年，賺了些錢，買了一百多畝地，請人來耕田。到我父親叢星南這輩，家裏還在做生意，開了「源春盛」，專門出口沙參。此外，我們家還做麵醬和船錨纜，即是船上用的麻繩。我放學後也要幫忙，我們家不算是作坊，也稱不上是工廠。我家的後面是醬園，前面就是做錨纜的地方，我們聘請十多個工人，全都是散工，如果有人來買，就叫他們來幫忙。

我們家也為抗戰出過力

　　在村裏讀完小學後，我去威海的育華中學讀書，還沒畢業日本就投降了。八路軍在土改之前貼出大字報，把我們家列為地主惡霸，因為我們家有錢。父親很不滿，錢是我祖父賺的，到他這輩還沒開始賺錢，家裏就有錢了。可是，他非要說我們是地主，當時父親50歲，我才10多歲。

　　我們家曾為八路軍辦事，幫他們買鐵鍋、買染料，拿去做飯、做軍裝。有個當官的人曾加入地下黨，日治時期在南大橋補鞋。他被日本人抓去後，八路軍派人找我父親，讓他想辦法

救人。父親通過關係跟日本人擔保他是好人，最後把他救出來了。父親幫他們做過這些事，結果一來就要批鬥我們，那時候心裏很矛盾。

當年村裏人都很敬重我祖父，因為他們租借我們家的田地，如果沒有收成，祖父是不收租的。而且他長期在韓國，沒做過什麼壞事，所以同村的人都來找我們，建議我們離開。父親也感覺形勢不好，趁鬥爭還沒開始，趕緊到青島。為免被一起抓走，我們還分開離開。

我在警察學堂因整潔獲獎

我在青島讀了四年書，高中畢業就考上齊魯大學，結果因為戰亂，沒有完成學業，只好來香港。因為我找不到工作，於是就去投考警察。我是1948年10月考到，及後在1949年3月進警察學堂，一直做到1989年，以高級警員職級退休。

當年黃竹坑警察學堂剛建成不久，設施簡單，什麼都沒有，我們每個星期三和星期六還要去填操場，每天早操都要「驗排」——在操場集合，按班級列隊，由校長和副校長一排排地去檢查警容及警貌，看你的儀表、服裝及裝備是否乾淨整齊，從頭到腳、從前到後，逐個檢查。

每個星期六早晨在操場散隊後，校長會來查房。我們要把所有衣物和裝備在牀上擺好，讓他檢查。衣服和襪子要保持得乾乾淨淨，皮鞋和皮帶要擦得鋥光瓦亮，要是發現不好的地方，他就撕襪子、揮皮帶。因為毛襪子洗不乾淨會變硬，很容易撕開，還有些人不會擦皮帶，就用火烤，烤久了皮帶就會變脆，所以如果被他撕爛襪子或弄斷皮帶，你就有麻煩了。我們出學堂後，不管守哪個地方，每年也要查房。好運的一年查一次，倒楣的話，大官來查一回，二官再來查一回，可能三官還要來一趟，每年三次。

雷老虎當年在警察學堂查房時，經常揮皮帶、撕襪子，但是我的皮帶和鞋襪，他從來不檢查，因為我個子高，他最喜歡我。以前香港每年都舉行一次全港警察大會操，由港督檢閱，警隊每個部門和警區都要派一隊參加，精銳盡出。每次大會操，我都排在左邊的第一個，所以他們都叫我Mark，就是「標兵」的意思。還有一位是谷迅昭，到現在都有人叫他Mark。我們排隊從高至矮，會操時，所有人都要盯着排頭位最高的那個，這個角色最受罪，因為帶隊的走不好後面就會跟着錯，所以外國人最喜歡個子高的。

查房時我沒有遇到麻煩，還因為我的鞋從來都擦得可以拿來當鏡子照，在港督大會操上還拿過幾次獎。第一次，港督走到我面前一看，然後朝我一指，跟在後面的就把我的警號記下來，我還不知道是怎麼一回事。結果會操結束後，當場宣佈我獲得乾淨獎。

叢碧輝的警察委任狀

這些都是來自英國軍隊的規矩，因為香港警察是半軍事化。外國人最講究衛生，保持着嚴格的標準。當年守港督府的警察有個人有汗腳，根本洗不乾淨。後來有個官去查房，他讓那個汗腳的把鞋和襪子都脱下來，拿着給他嗅。

當年香港很不太平

1949年，我一出學堂就碰上電車工人罷工事件。那時候香港很少巴士，市民出行幾乎全靠電車，所以他們一罷工，街上就亂成一團。當時我在大館駐守，後來我們都被派出去。罷工持續了大約一個月才平息下來，我們有很多人受傷，編號2882「老傻」[1] 被人用幾十塊磚捆在一起，從樓上推下來，腳也被打斷。他跟我們同期同班，是東北人。當時我們的待遇很差，一餐只有一條小麵包，想多拿一塊都沒有。

引發罷工是由於電車工人薪金太低。那時候電車分兩層，車票樓下五分、樓上一毛，收費太少，以致他們生活費不足。1949年，香港經濟低迷，各個階層的生活都很困難。由於罷工，沒有公共交通工具，很多警察用100元買輛舊汽車，下班後偷偷開白牌車，每載一個人收一毛兩毛，一個月下來能賺到數千元。

1953年，九龍普慶戲院放映一部內地影片《探鄉親》，鼓勵海外中國人回內地。電影在香港並不叫座，觀眾大多是由工會派票進場的左派。完場後，工人和青年人都很興奮，到戲院外邊貼大字報和亂喊亂叫。當時正好有輛衝鋒車停在普慶戲院旁邊的橫街上，小隊長帶隊維持秩序，只把無線電通訊員和司機留下。激進分子為表現他們的積極、革命、愛國，就衝過去試圖燒車，結果我們拿着槍一下來就給嚇跑。最後，九龍衝鋒隊到場增援，才恢復秩序。在那個年代，類似事件時有發生，

---

[1] 某威海衞警察的花名，真名不詳。

對我們警察來說只是小事，真正讓我們感受到壓力的是1956年的雙十暴動。

每個暴動現場都有我

雙十暴動的時候，我在九龍衝鋒隊，本來派我去九龍總部二樓上做狙擊手，但雷老虎不同意，叫我跟着他，因為我個子高，槍法又好，每個暴動現場都有我在場。當時情況危險，青年暴徒拿着建築公司搭棚用的粗竹子襲擊我們。

暴動源於徙置區裏支持國民黨的居民要在「雙十節」掛中華民國國旗，徙置區的管理部門不反對掛旗子，但禁止掛在牆上，結果引起衝突，黑社會亦趁機出來搗亂。它背後不是國民黨，也不是由共產黨組織，根本就是黑社會在胡作非為。說實話，一些參加暴動的人連話也說得不太正常。我曾經在尖沙咀碼頭抓到一個暴亂分子，沒有身份證，問他叫什麼名，他說他叫毛澤西，意思是毛澤東的兄弟。後來把他抓回警署，坐堂的都說你抓他幹什麼。他是腦袋有問題，出來胡搞。

1967年的暴動就有政治因素，是由左派發動的。當時抓得太多人，都被留在馬路邊，後來派我過去看着他們。我們每個人都有個警號，他們看見我防毒面具袋子上的警號，就投訴說我虐待他們。在我去之前，他們都被勒令蹲在那裏，油麻地警署偵緝部總督察叫我到高等法院作供解釋。由於我的警號被認出來，雷老虎又要我做他的貼身護衛，所以後來我就很少出去，多數在九龍衝鋒隊做狙擊手。

我留下的故事並不多

我曾參加過一次解救人質行動，人質是黃應求，結果救不到人，就被綁匪撕票。不過綁匪最終還是落網，而且是由我們威海衞警察「小四子」[2]抓到。當時他在交通部做警目，那一天正帶隊在大埔道設路障檢查來往車輛。突然有一個男人跑來喊救命，說在龍翔道有人要殺他，小四子便把手上的工作交給其他人，然後帶着另一個警員趕去現場把人拘捕了，押解到深水埗警署。經深入調查後，他們正是綁架黃應求的兇手。

我當警察這一生，什麼都沒有留下來，東西全都被棄掉，連我在家鄉讀書的畢業證都沒有了。不要覺得可惜，也不要替我悲哀，我不喜歡榮譽，也不喜歡被人家奉承。記錄這段歷史不是為我們出風頭，而是要讓後人知道我們這一輩是怎麼走過來的，不管生活怎麼困難都要走下去。以前我們在香港警隊很苦，忽然間來個命令又不知要被調到哪裏去。現在的年輕人條件多好，可惜很多都不知道香港是怎樣發展。

---

[2] 威海衞警察李世和的花名。

叢碧輝站在警察機動部隊正門，時任大廚，攝於1970年代後期。

各展所長

王本宏於警校畢業後，在威海田村老鄉吳學謹開設的龍鳳照
相館留影存念，攝於1953年12月17日。

自修為無線電技師

王本宏 | 1950年入伍
受訪日期及地點：**2010年10月27日於西貢北圍村**

　　我生於1932年，是山東威海衞合慶王家疃人，父親王樹祖是個漁民。小時候我沒接受過什麼教育，只讀過小學。記得威海解放後，我受了一年解放區教育，接着就跟兒童團參加運動，鬥地主惡霸。1947年，國民黨打進威海的時候，當時我才15歲，被他們抓去當民伕及搬運子彈。後來他們查出我參加過鬥爭，就把我和母親抓到劉公島坐監，我的弟弟就在那裏出生。

　　大約六個月後，國民黨撤退到青島，把我也帶走。當時他們想叫我當兵，於是我就逃走，逃到市裏找親戚。我大伯父在上海做漁船船主，大伯母正好從上海去了青島，我就跟着她一起生活。後來她又把我帶到上海，住了一年，直到上海解放。由於語言不通，讀書跟不上，學費也交不到，又沒事可以做，就打算跟朋友一起到香港生活。

第一批警察司機

　　我在1950年2月來到香港，先找到表舅姜永仁，他是戰前的老警察，警號2507，太太是威海衞神道口人，後來移民美國。沒多久後我就投考威海衞警察，5月23日進警察學堂。那時候警察駕駛訓練學校剛剛成立，我本來就不喜歡當警察，所以就

去學駕車。以前警車司機都是從政府機電處派到警察部，不受警察紀律約束。他們不穿軍裝，也沒有警察身份，而我們則是香港第一批專業警察司機。

離開學堂後，我在九龍衝鋒隊開了兩年警車，然後調到港島衝鋒隊。那時候我還年輕，開車比較快，有一次被同事投訴，他們都不敢坐我的車。因此，港島區總警司註銷了我的車牌，並調我到港島交通部。兩年後，我又被調到總督府。

王本宏在皇后大道中指揮交通，攝於1950年代。

Peter Moor 新婚坐的士來解救我

　　我在港島交通部的主要工作是到街上指揮交通。當時的警司Peter Moor 對我印象最好，他是港島交通部的第二把手。我平時喜歡喝酒，有天晚上在外面喝醉酒打架，被抓到大館，一個外國人督察把我鎖進臨時拘留室。Peter Moor 當時住在怡和街，那天他結婚，一得到消息，趕緊找交通部值班司機往接他，結果司機不知道跑到哪裏去，他就大半夜自己坐的士趕來。一到大館，他就衝着人家發火：「哇！你們怎麼能把他抓起來，趕快放人！」

　　因為我的交通手號打得準確，所以他特別喜歡我。1950年代初，車輛進出港島中區的主要道路有皇后大道中、花園道、德輔道中及美麗道。這些道路是包括港督在內的達官貴人、工商大亨們上下班的必經之路，不是誰都可以在那些地方指揮交通。當時駐守港島交通部的威海衞警察，手號都打得很標準。

戰後第一次暴亂，警隊管理很混亂

　　1956年雙十暴動爆發時，我本來在港島交通部，卻被調到九龍支援。到達石硤尾時，所有人都在毆鬥，場面很混亂。當時警隊沒有專業的防暴隊，各區各部門隨便調幾個人，再找幾個咩喳當頭，就直接過去增援。到了以後，各人跟着上司，交通部跟着交通部，衝鋒隊跟着衝鋒隊，港島跟着港島，九龍就跟着九龍。

　　由於是第一次暴亂，警隊管理上也很混亂。槍械可以隨便拿，子彈隨便抓到袋裏，催淚彈、手槍和手提機槍我都有，拿着就走，不用簽名。我們三人去大埔道巡邏的時候，買些罐頭就跑進了酒店吃飯睡覺，住了一個晚上，既沒有去報到，也沒有去巡邏，沒人理會也沒人知道，真是很混亂。

靠自修成為無線電技師

過了幾年，我對警察工作沒有興趣，總期盼着能有轉變的機會。1958年，警察部有個部門需要修理無線電，我在上海讀書的時候正好是學無線電，對此很有興趣，所以就借機調到了無線電通訊組(C&T)，通稱電台。

剛去的時候，我還是警察，做了兩年就轉成文職無線電技工，不再有警察的執法權與身份。雖然還在警隊裏工作，但性質上屬於政府派到警隊服務的普通公務員，由布政司按照普通公務員的制度來管理。這是警隊將非警務管理事務向社會分流的一種做法，目的是讓警隊集中精力在核心的業務上。

最初我是以半學徒的方式跟師傅學習，但當時我說廣東話還不太流利，他們多少都有點歧視。尤其我還擁有警察身份，那些師傅卻都只是文員，他們就有點嫉妒，不太願意放手教。我唯有自己盡量去做好一點，半夜自修無線電原理，自己到工廠實踐。當時我們兩人一組，做了不到一年，每當另一個組員

王本宏在香港大嶼山石壁水塘工地設計安裝無線電通訊台

放假，我就要獨當一面，負責所有的安裝修理。我的工作做得很好，我們的主管是白俄羅斯人，很喜歡我，很快就把我升為高級無線電技工。隔了一年，升三等技師要通過升等考試，並要具備工專證書，我沒有證書，結果經主管推薦，最終順利晉升為三等技師。

香港警隊內部分工非常明確，他分給你哪個區，你就負責哪個區，出問題就全由你負責。從1961年開始，我專門負責保養、修理與安裝水警的無線電，一直到1977年退休。記得當年國民黨撤退至台灣，途徑尖沙咀的時候，好像是李彌的部隊，把所有東西留在香港，整套全是美國貨，包括大量軍用無線電設備，我們全數接收，安裝到水警輪上。大嶼山警署無線電的維修保養也由我負責。當年興建石壁水塘時，我是第一個去安裝通訊電話的人，那是當時香港儲水量最大的水塘。

「不就是去找碗飯吃」

我第一次回故鄉是1980年，那時候我雙親還在。我父親最初是一個公社社長，我有很多弟妹，我是老大，只有我自己出來了。我第一次回去時沒有直接回家，先到青島再轉車到威海。我一到威海就被專車接到公安局，一個領導身穿中山裝，衣着整齊地坐着，旁邊站着一個人，估計也是當官的。那個領導問我在香港做什麼，怎麼三十多年不回家。我說自己在香港當警察，也可以說是英國人的走狗。至於多年不回家，第一，英國人不允許；第二，我不敢；第三，家裏也不希望我回來。

結果他說：「哎！你不能這麼說，你不當警察別人也會做的，不就是去找碗飯吃。」說得我心裏還挺舒服的。然後他警告我說：「劉公島碼頭上有軍艦，瞳北山上還有雷達站，可別亂照相，也不要背個相機在街上亂晃。你沒做過對國家不利的事，回來也不做這種事就沒問題。」我告訴他，我從來不做對國家不利的事，凡是對國家有利的我都做。最後他們還把我的護照、回鄉證都扣下來，說是給我保護起來，走之前再去拿。我膽子小，問話時嚇得顫抖。

第一次回去的時候，家裏的生活很苦。當時我隨身帶了兩大包新舊衣服，在深圳又寄了兩大包。回程經過煙台時，中午到飯店沒飯吃，他們說要關門睡午覺，我心想這樣怎會有生意。以後再回去就不用到公安部門，隨便也可以回去，故鄉的建設也一年比一年好。弟弟主動告訴我房子被拆遷，現在住的是樓房，一切都很好。

怎麼偏偏選中我？

邵金福 | 1955年入伍

受訪日期及地點：2011年7月24日於加拿大卡爾加里市

　　我1935年出生於上海，故鄉在山東省威海市榮成縣海埠村，父親當時在上海市英美租界警察局工作。據說我和妹妹出生的時候，父親的警察生涯步步高陞，所以我小時候的生活非常好。我們在故鄉三代同堂，我祖父是老大，小爺（叔祖父）和叔叔們（叔祖父的兒子）都在外地做生意。每當有了積蓄，大家都把錢寄回故鄉購置田地、蓋房屋，當年我們家擁有海埠村最大的房屋，房屋數目也是最多的。祖父蓋了那麼多房屋，卻沒人住，就把最大的房屋借給村裏當學校。

　　父親不喜歡男生在廚房出入，他回家的時候，我和兄弟們都會留在客廳玩耍。父親的同事經常前來拜訪，當他們離去後，父親會破口大罵，說他們人格缺德。我們小時候聽得多，對警察留下不好的印象。後來父親每逢見到親戚朋友，都會談及他的理想是提早退休，回到故鄉威海落葉歸根，在市內買地蓋房屋。

　　人算不如天算，沒多久日軍就佔領了上海租界，父親就退出警界。當時上海市內天天巷戰不斷，盟軍飛機時常來轟炸。1945年，父親讓母親把我和弟妹送回故鄉威海，他和我哥哥則留在上海。這樣不管發生什麼意外，都能留一條根。

我們搬回故鄉海埠村，但並不習慣，媽媽就帶我們到威海市北倉村租屋。我至今也記憶猶新，北倉村後東北角山坡上有一片漂亮的花園小洋樓，是外國人住的，鳥語花香，我有一段時間經常到那裏玩。安頓下來後，我就到教會辦的海星小學繼續讀書。同年秋天，日本突然宣佈投降，我們搬回海埠村與祖父團聚，並等待機會回上海與父親和哥哥一起生活。

氣氛與以往不同了

我們搬回故鄉後不久，八路軍開始控制鄉間人口的出入，每條村所有出入口都安排婦女站崗放哨，連村與村之間探親訪友都要申請村委批出的通行證，違者必遭組織開反省會或鬥爭會，使各村的百姓寸步難行。村裏天天都在開由學校老師主持的大會，要檢討和鬥爭。各個團體，例如青年會、農救會、青婦小隊、兒童團等。再過沒多久，各村就開始全面鬥爭，清理地主、惡霸和漢奸，這時候我們才知道老師都是八路軍派來的人。在他們的主持下，村中的二流子、地主和惡霸都被惡打，最後連村董和其他辦事人員都被清算，沒有人逃過這場災難。我那時候是兒童，每場鬥爭會都要參加。

有一天早上，村裏又號召村民開大會。我背着小板凳跑到會場上，發現氣氛與以往不同。首先沒有人帶領喊口號，會場中央也只放了兩張椅子。沒多久，我的祖父和祖母二人低着頭左搖右擺地走進了會場，我內心非常害怕和驚慌。村裏的老師客氣地請他們坐到椅子上，然後宣佈開會。大會主持問了祖父很多問題，問的問題我完全沒法聽到，因為會場太嘈吵了，但只見祖父祖母一路都在點頭，我估計是表示承認的意思吧。

散會後我快步回家，一進門口就見到村民來到我家，搬走所有東西，包括我父親至愛的古董和字畫，連家裏唯一一隻小毛驢都被拖走，這些都是他們所謂的「果實」。我們家絕大部分財產被清算，家裏變得非常乾淨和寬敞。祖父、祖母和母親對我們説，不管是順境或逆境，全家人都要撐過去，才對得起祖宗。

事後我問母親，我們家到底做過什麼錯事或對不起村民的事。她告訴我，當年我們家把大房子免費給村裏辦學校，老一輩都覺得我們家做了一件好事，學校廁所的糞便一直由我們家清理和收集，而糞便是農民非常重要的肥料。但到現在，他們清算時便說糞便應該屬於學生，指我們家一直剝削學生的財產，所以要我們把多年來收集到的糞便總值，連本帶利賠給他們。

乘坐太古公司最後一班開往香港的輪船

1946年，母親把我們叫醒，給我們穿好衣服，偷偷到村外的海灘去。我們來不及跟祖父道別，一家總共11人，就登上一艘帶有風帆的舢舨。經過多天的風吹浪打，舢舨被吹入大海之中，迷失方向，漂流了一天。幸好出現一艘大帆船，舢舨船主馬上反覆升降風帆求救。大帆船靠近時，對方發現我們的舢舨上有多名成年男人，立即轉舵掉頭就走。大人們絕望地大哭，我和弟弟妹妹則好奇地站起來觀看。小孩的出現消除對方的戒心，他們回頭把我們全船人救起。到了江陰，通過當地政府的盤查後，我們就被送到蘇州搭火車去上海。

回到上海後，由於父親沒有工作，生活不像以前那樣富裕。幸好英國政府很守信用，不僅給父親補發服務英國政府的退休金，每月還有長俸。然而當時國民黨太腐敗，貨幣天天都在貶值，每月的退休金很快就不值錢，市內經常出現各種遊行和暴動，抗議政府貪腐無能。國共內戰也開始影響上海，社會變得非常混亂，那時候上海的環境實在使人無法繼續堅持下去。

哥哥在1947年去了香港，在族兄邵恆和經營的俄羅斯餐館工作。到1949年初，國民政府軍不戰而敗，解放軍3月中渡過長江，父親在4月中突然決定把我送到香港，幾天之內替我安排好一切。我乘坐太古輪船公司的「聖京號」前往香港，那是從上海開往香港的最後一班船。

來到香港後，我住在九龍大坑東。嫂嫂是廣東人，對我很好，可惜語言不通，彼此很難溝通，幾個月之後，我便學懂一點廣東話。同年9月初，我進了大埔道香江中學，哥哥租了一間板間房，讓我搬過去獨立生活。我生活懶散，又無心向學，因此要求哥哥讓我出去工作。他不同意，說我太年輕，希望我能好好唸書，因為他自己體驗到學識不如人的難處。

1953年，我到俄羅斯餐館探訪哥哥，當時他忙於工作，我就和族兄邵恆和閒話家常，他是俄羅斯餐廳的老闆。他問我有沒有興趣工作，我想都沒想就答應了，就這樣我立即在那裏工作，負責賣西餅和麵包，月薪60港元，每星期7日，每天工作11小時。年輕人沒有社會經驗，但卻沒有人肯糾正我的錯誤，因為大家都知道我是老闆的族弟。有空時我只能和同齡的小同僚聊天，從中吸取些經驗，生活上頗為苦悶。

警察生涯多姿多彩

1955年，店裏請了一位同僚，名叫于立世，故鄉也是威海，為人很健談。有一天，他告訴我警察隊要招請威海籍警察，問我有沒有興趣投考。哥哥對警察印象不好，所以很反對，我就打算考上警察再算。我連續考了兩次才獲錄取，那一天是1955年5月13日，星期五，考試地點在九龍城警署。

1955年10月18日，我進入警校受訓。我們是威海衞警察第22期，也是最後一期。那天每人都手提着一個小籮籃，裝着個人的梳洗用品，懷着愉快的心情到警校報到。宣誓後，警隊向我們每人派發港幣60元。教官叢樹格先生向我們解釋，警隊依據第二次世界大戰前招募威海衞警察的規則運作，把我們也當成從威海衞招募過來，那是補給我們從威海衞坐船來香港當警察的船費。最令我開心的是我們的薪金，每個月加上海外津貼有160元。團體生活也讓我體驗到人情世故，有很多人值得我學習與敬重。

畢業後我被派到港島衝鋒隊，每天的工作多姿多彩。社會上不論哪個階層，都會發生令人意想不到的事，需要警察去處理。我先後參與過處理石硤尾邨暴動、畢架山飛機失事、天后廟山木屋區大火等重大事件，得到寶貴的工作經驗。每當香港發生嚴重大事，警隊內的通訊支援及伙食供給等都太差，這種問題直到1970年以後才逐步改善。

三年後，我又被調到港島交通部。在那裏我要獨當一面，最初心裏也有點害怕，幸好憑着細心與努力探索，沒多久就克服了所有困難。1970年，我作為沙展進駐警察機動部隊。當時警隊腐敗，我們營的李百恭咩喳就是個有名的賭徒。身為營隊主管，他令全營都感到丟臉。那個年代，我們每天都被派到不同地區巡邏或執行任務，大多數初級人員都跑去辦私事。後來鬧到警隊高層，卻找不到人出面指證，而且捲入的人太多，因為缺乏足夠證據送上法庭，最終只能按內部紀律程序處理。這讓我想起父親當年關於警察的評價，再看看我們的上司，他們哪有什麼領導能力，又怎麼能服務社會呢？

香港幾萬名警察，怎麼偏偏選中我？

六七暴動後，香港社會高度讚許警察，並以不同方式給予褒獎。當時國泰航空每逢機師訓練，都會隨機招待兩名員佐級警務人員體驗，我很幸運地被選中，只是上機前要自己花10元買意外保險。那是我有生以來第一次坐飛機，也是最為自由快活的一次。起飛的一刹那及降落在跑道上滑翔時的感覺，有說不出的舒暢，而演練緊急升空等驚險動作更是刺激無比。那種機會很難得，讓我大開眼界。

1972年，我奉命去政府新聞處報到，接着就被帶進一間攝影室。剛坐下，一位記者跟我談話，另有一位工作人員手持攝影機不停拍攝。數日後，全香港所有報紙頭版都登出我的照片，大字標題談到警員起薪點增加到1,000港元。很多同事開玩笑說，到處都是你在報紙上的照片，連公廁裏面也有。

數天後，我奉命去警察公共關係科報到。女總督察王梁錦珊要我到香港電台，為當晚播出的電視節目《警訊》擔任主持，介紹警察工作及起薪點的調整。香港警察幾萬人，怎麼偏偏選中我？我把自己的缺點向她如實道出，特別是廣東話講得不標準，不理解為什麼要派我去。她很生氣，說我可以不做。我不認輸，就接受她的命令。

　　在香港電台，編輯和導演拿出預備好的稿子叫我照着讀，練了很多次還是不順口。導演只好叫我用自己的方法去讀，把意思說出來就可以。接着，我就對着鏡頭演練，怎知道一打開鏡頭，我就張嘴結舌地說不出話來，說的也不知道是廣東腔還是山東腔！回家後，我不敢打開電視看，還是朋友們告訴我，初次上鏡表現還不錯。香港警察歷史性地開鏡拍攝電視節目《警訊》，宣傳警察工作和動態，就是由此而起。

　　駐守港島衝鋒隊期間，有多位山東同事的學習精神令我敬重。他們自願要求長期夜班當值，放工就去夜校唸書，後來很

港島總警區長期服務獎章頒授典禮，右一為警署警長邵金福。

多人都升職，成為高級警司。其實我也有很多機會，警校畢業不久就有上司鼓勵我繼續求學深造。我的大隊長也很欣賞我，特別挑選我跟隨他，並鼓勵我讀書，甚至特准我在上班時去學校唸書。但我最怕讀書，結果一無所成。現在回想起來，深感慚愧。既然讀書不成，只有勤力工作去充實自己，所以每次有晉升機會，上司都會考慮我。

33年的警察生涯裏，我經歷了很多次調動，駐守過不同的崗位，處理過大量事件，得到很多讚賞，也見證過社會上不少對警察的批評。對同樣一件事，不同環境下的處理手法可能完全不同，因此警隊真是一間多姿多彩的社會大學，在這裏永遠學無止境。當你加入警隊後，一定要有原則、有宗旨，要永遠學習以跟上社會的步伐，否則就會被淘汰。只要有一個正規的目標，警察也是一份不錯的職業。

我這一生經歷多次戰爭、內戰和鬥爭，也經歷大小不同的災難。為下一代着想，退休後我舉家移民加拿大，定居在卡爾

副警務處長李君夏與獲授長期服務獎章的威海衞警察合影。自左至右依次為：
吳傳忠、谷祖康、姜宜富、李君夏、鄭平、林德昌、邵金福。

加里市。到埠後，我很快就在一間大公司找到一份保安工作，三個孩子也繼續他們的學業，現在已事業有成。我曾經回去上海探親訪友，上海比以前有很大的轉變。我在故鄉已沒有親人、近親和親戚，所以至今也沒有回過威海。我們全家都希望有機會時，必定會返威海走一趟，尋找我們的根。

失蹤人口調查殊不簡單

宋清森 1952年入伍

受訪日期及地點：2010年10月27日於九龍牛頭角安基苑嘉豪酒家

　　我於1930年在山東濰坊出生。我從山東省立濰縣中學畢業後，到青島臨時中學[1]準備讀大學預科，主修化學。幾個月後，濟南解放，青島局勢更為緊張，教育部就把我們遷到南方。第一站坐船到上海，住了一個月，又前往湖南衡陽。沒過多久，八路軍打過長江，所以在衡陽住了一兩個月後，我們又繼續南遷到廣州。

　　住了不久，廣州也保不住了，有一部分同學就坐船往台灣去，剩下我們十幾個同學最後上不到船。當時我們留在廣州，又不會說廣東話，剛巧遇到一個在廣州鐵路警察局當警長的北方人，介紹我們到他那裏工作。當時廣州鐵路警察局局長是蔣介石的侄子蔣孝天，他也不會說廣東話，所以很喜歡我們到那裏做事。不到半年，廣州就解放了，我們只好坐火車逃到香港。

---

[1] 1948年濰縣戰役期間，山東省教育廳在青島設立青島臨時中學，收容濰縣及昌樂一帶的流亡學生，同年7月改為昌濰臨中，後經上海前往衡陽車江設校。

尋找報失蹤的人

來到香港以後，一個姓紀的山東人介紹我到紗廠做工人。一年後，我轉到一間塑膠廠串塑膠花。1952年，我才考到香港的威海衛警察。從警察學堂畢業後，我曾駐守九龍和港島的衝鋒隊，也到過交通部和警察電台工作。以前在警察部，我們是在一個山東群體裏工作，同事都是山東人，印度人也有。1978年，我被調到廣東人的群體，專門打擊販毒、吸毒和賭博。後來我又調回警署報案室坐堂，凡是有人來報案，我們要把事情記錄，再安排人跟進。

兩年後，我被調到香港警隊失蹤人口調查組，負責尋找失蹤人口，特別是青少年。誰家的小孩不見了，家長到警署報案後，我們就要到處去找。發現未成年的小女孩在舞廳工作的話，我們可以把她帶回警署，再叫她父母過來，問他們需不需要幫忙。不需要的話，就讓他們帶女兒回家；需要幫忙的話，我們就申請法庭令，送女孩到香港一所兒童訓練學校讀書。

那所訓練學校叫培立學校，由天主教團體主辦，政府津貼。有問題的孩子須經我們向法庭申請，批准後才能進去。只

由威海衛警察組成的港島衝鋒隊，1961年攝於中央警署。

要我們申請，十之八九都能獲得批准。在這間學校裏，她們一個星期讀一天書，不能隨便外出。每逢星期六可以由家長接回家，星期天再送回去。沒有家長接的話，要得到我們的允許才能外出。我們時常探訪學校，學校會告訴我孩子的情況。乖的就取消監護，可以畢業回社會做事；不乖的，我們需再上法庭申請監護令，送她進去再監護一兩年。學校裏有很多有益身心的活動和訓練，例如每天早上一起跑步，她們工作還會有收入，那些小孩差不多都能學好。

不單是這些，別人的老婆、女人，我們都要管。譬如有人跑來報案說老婆不見了，有的說他的老婆又嫁給別人，我們也要把事情查清楚，非常麻煩。還有很多在香港打工的菲律賓人，工作一段時間後，不通知僱主就離開了。她走了沒關係，但如果做了非法的事，譬如說販毒，僱主就要負責。因此，我們要到處去找，查到後再把她遣送回國。

即使你幫他，他還是不樂意接受

實際上，這份工作主要是防止青少年和兒童犯罪。離家出走的小孩沒有能力保護自己，很容易被壞人利用，做出非法的事情。我們能及時把他們從懸崖邊拉回來，確實很有意義，但做起來不太容易。

有些家長，即使你幫他，他還是不樂意接受。譬如他女兒本來應該去上學，她背着書包一出去，找個僻靜的地方，換了校服就到舞廳「做小姐」；下午放學時再穿上校服回家，告訴母親她放學。我們查到後，有的父母很好，但有很多家長不願意相信，反而對我們很不禮貌。有些女孩在外面做了非法的事，譬如搶東西，我們告訴家長說，你的孩子跟一幫流氓在一起，你們要小心點，家長反而罵我們，說我們胡說八道，說他的女兒很聽話。

有些家長本身就從事娛樂行業，根本不想配合；有些就很保守，怕丟臉，如果孩子在外面做了非法的事情，一說出來，他的名譽就沒有了，所以不配合我們。碰到這種情況，我們只能自己想辦法。

有一天晚上，兩班黑社會在一個球場打架，有一個女孩被人用刀砍下了右臂。我帶着幾個同僚到她家調查，她母親說女孩正在家睡覺，「鐺」的一聲就關上門。我們就在外面大聲說這個女孩歲數多大，叫什麼名字，她說她在這裏住。她右臂被斬斷，拿到醫院去，為什麼她母親說她在家呢？」她母親在屋裏一聽，忙着跑出來拉着我們問她女兒在什麼地方。我們就說：「你不要問，剛才你說那不是你的女兒，你不要多事。」她這才承認女兒不在家，她要去看女兒。她本來想保護女兒，結果反而壞了事。

還有一次，一班男孩在彌敦道打架，其中一個被刺死。我們到他家找人，他母親不願開門，態度惡劣，在窗邊說他兒子正在家睡覺，不要吵醒他。這些事直接問是不行的，我們於是裝作不知道，在門口七嘴八舌地大聲說：「這個人死了，送到哪去呢？」「不知道，聽說沒人認領，送到殮房燒了。」屋裏的人一聽，全跑出來跪在地上問我們，這種事時常發生。

我們的工作經常要和夜總會之類的場所打交道，比起那些家長，他們非常配合。雖然他們不喜歡我們去調查，怕影響生意，但也沒辦法。我們可以控告它，或者天天來騷擾它，令那些不見得人的「小姐」和僱員不敢上班，生意就做不成。

很奇怪，許多職責上該做的事，處理起來被鬧得很難為情。有些孩子要守行為[2]，晚上一定要待在家裏，10時後不許外出。我晚上去查的時候，時常會跟家長發生不愉快的事。這份工作很容易被人投訴，到現在我還沒有坐監，我覺得已經很幸運了。

當初並不是我自己要求調往失蹤人口調查組，但這個部門需要一個能幹和可靠的人，他們看了我個人平時的行為考核紀錄，知道我從來沒失誤，全是讚賞，一個女督察就非要把我調進去不可。結果我一做就是20年，直到退休。

---

[2]　香港處理刑事案件的一種判罰，意思是法庭要求當事人承諾在一定時期內不再犯同一或性質相近的罪行。

我一分錢也不要

我第一次回故鄉，是因為當時國務院有命令，說以前家裏東西被人瓜分了的，回去的話，政府有賠償。家裏寫信給我，我就申請回去，首三年香港政府也不批准，最後終於批准，我才能回去。那是很早的事，應該是剛開放，當時我回去還要到公安局登記。

我的故鄉在石溝河村，家裏以前開油坊做大豆油。有酒莊釀酒，玫瑰露、五加皮和白酒，什麼都有，故鄉周圍村子的田地都是我們家的。我很小就到城裏住，後來去了青島，所以第一次回去時，家裏沒一個認識的人。縣長開車載我到一條馬路上，他說到我家了，我就問我家在什麼地方。縣長和村長指給我們看，說這四周都是你家的地，我們一看都目瞪口呆了。這是馬路，怎麼會是我的家？他們說：「你以前的家早就被拆掉了，這周圍連那兩間工廠，一間中學，一間小學，還有這邊幾十家，都是你以前那個家。」

哎呀！真是很可惜。我們家以前有道圍牆，牆內的院子很大，有兩個大圓墳墓。從前父親告訴我底下有東西，但不要拿出來，怕破壞風水。我詢問村長有沒有看見，他們說沒有。

縣長說，這四周圍都是你的地，你家的財產都找回來的話，這一條村子都會變成你的。你要賠償的話，我們都要賠，但我們賠不起啊！他把腿伸出來說：「我這裏少了一塊皮，是被紅衛兵用鐮刀割的。」原來縣長也曾被鬥，說他們真的都沒辦法。

我說：「我回來是想看看家的，不是來要錢的。我一分錢也不要。不但不要，我還請你們吃飯。」縣長、鄉長、村長都高興得不得了，說沒想到我這麼痛快。那頓飯一大桌子擺了兩層，才花120元！那時候的東西很便宜。

我在濰坊市那棟房子，也很值錢。那次回去，他們要送給我當賠償，我都放棄了。他們很幫忙，好幾次說要給我，我都不要。現在有個姓丁的老人住在那裏，好像政府快要拆遷。即使送給我，我們也沒有人回去住。

谷敬齋在裝甲車上，攝於1970年代。

撒拉遜隊責任重大

谷敬齋 1949年入伍

受訪日期及地點：2010年10月27日於沙田金輝中心

我於1927年出生，老家在威海衞威家欽村。我爺爺那輩只有兩兄弟，他們住在一起。大爺爺（伯祖父）沒有子女，爺爺的兒子就只有我父親一人。兩位爺爺經營得不錯，家中有屋有地。

小時候剛好是抗戰時期，我沒到正規學校讀書。村裏有一間私塾，有位老秀才教小孩讀書，看起來不像是一間學校。我在那裏讀了六年，小學六年級畢業就輟學，留在家裏幫家人種莊稼。當時我二哥和畢家瞳一位姓畢的人，在威海市合夥開了一間小商店，後來我就過去跟二哥學習做生意。

不夠一年，日本人就投降了。共產黨來到威海後，商戶被一併改組，把商舖全部留給我們這些學生意的小夥計。不過因為沒有生意，我們都閒在那裏。後來，威海市被劃為一個個單位，管轄不同村莊，我們屬於東門外，叫溫泉村。村幹部叫我們參加工人糾察隊，當時我年紀輕，不懂事，就隨波逐流跟着去。

半價船票來香港

當時威海的政治環境已經變了，我家要被人批鬥，兩位爺爺也去世，接着要我們分家。我們家沒有錢，就只有六十多畝地，不過在威海那個小地方，算是很可觀。這些地有一部分要

交給村裏分配，剩下的由我們五個兄弟分。分家之後，我需要找地方住，也需要有人伺候，爸爸就讓我結婚。當時我才19歲，什麼也不懂就結婚了。

結婚後，村裏和碼頭都開鬥爭會，天天鬥這個鬥那個，我十分害怕。當時二哥和四弟都在青島，聽人家說上東北能轉道跑去青島，我就先往大連跑，一起去的還有十幾個人。沒想到大連當時由蘇聯管轄，去到就被人扣起來。我被關了幾天，裝上大風船送到砣磯島關起來。砣磯島的房子都蓋在石硼上，一下雨家裏就變成河流。當時正好是雨季，隔兩天就下一場雨，地上全都是水。我們躺在地上睡，隨便弄些麥秸草鋪上去，結果長了一身疥。

後來，八路軍押着我們從蓬萊起行返回威海。到了威海，我先在公安局被扣留了兩天，然後回到村裏挨批鬥。由於我們只是年輕小孩，平時很關照鄉下那些老婆婆，也很給面子，所以也沒遭到太苛刻的對待。批鬥後，我就在村裏入獄，白天由青婦小隊看着，晚上就換成民兵。關了幾個月，他們開會時提議，關着這班人很不值得，他們也沒什麼大問題，所以就把我們放了。

留在家裏也沒事做，我們又往外走，先去煙台，再起行去青島，全是走路。我們從來沒去過青島，也沒人告訴我怎麼走。在青島住了幾個月，二哥就給錢我去買船票，把我送到上海一個親戚家。後來親戚又把我介紹到浦東川沙縣。當時香港的大商船都僱用警察護航，我遇到我們村裏一個姓陶的押船警察。

1949年，我託他買一張半價票，從上海來到香港。那時候來香港，別說半價票，加價票也很難買到。剛到香港的時候，我找不到工作，就去中銀大廈工地抬泥挑沙，晚上就和同村一個姓戚的人到蔡克倫那裏睡覺。蔡老先生也是威海人，他在駱克道買了幾棟樓和舖位，經營舞廳和酒吧。當年從大陸跑到香港的威海人和山東人，很多無家可歸。每天晚上收市後，他就把店舖騰出來，給鄉親進去過夜。我們晚上買大米回來，自己

煮稀飯吃。有時候，麵包房隔夜的麵包不能賣，丟掉又可惜，就放在那裏，一毛錢能買好幾個，我們就吃那些麵包。第二天早晨再去買幾個，拿着去開工。

當時一天工資只有5元，而且還要託熟人介紹才有工作。早上一去，人家說要用50個人，數夠人手就不要了。其實他告訴你要50個人，實際上要收60至70人，他被人家收買了，餘下的名額他早預備好。

從來沒有警察能告電車司機的

做了三個多月，我就去投考威海衞警察，當時的考官是戚富國。進警察學堂之後，操場主任是魏猴子[1]，戚富國和戚務敏也有教導我們。1949年，我離開學堂後先駐守港島交通部。有一次，我騎電單車在德輔道中巡邏時，在春和盛門口的騎樓底下觀察路面情況。當時一輛德士古運送火油的貨車正駛經摩利臣街，開車的是個老人。他發現前面有車要往外駛，就把車停在電車軌上讓車，結果被一輛電車從後面撞上去，貨車上的火油桶滾得滿街都是。

老人為外國人工作，快要退休，卻碰上這意外，要賠車賠錢外，還不知道能否順利退休。因為電車在軌道上行，不受交通管制，所以當時警察不能控告電車。電車車長就仗着這規例和老人爭論。我一看，心想怎可以這樣！我過去跟老人說，你去報案，告訴他們我在現場都看見了。

老人報案後，我去落口供。負責案件的沙展是個廣東人，不太願意處理，說從來沒有警察能告電車。我就去找負責處理交通意外的幫辦布朗（Brown），他一聽，就叫我試試控告電車司機。可是，不管根據哪份口供，電車司機都不服氣，他的理由是當時已把車停下了。

---

[1] 一位外籍警官的花名。

後來電車稽查員去現場，叫他把車開到一邊去。為了保留證據，我堅決不讓他開，稽查員很不高興，說這樣會阻礙交通。我說我是交通警察，疏導交通是我的工作。最後還是把電車司機告上法庭。法官是個中國人，他讚賞說，從來還沒聽說控告電車的人，這種情形應該由電車車長負責，與貨車司機無關。老人高興得不得了，他在外國企業工作，這樣退休就有一筆退休金拿。

事後，老人趕過來要多謝我。他到大館門口等候，想請我喝洋茶，後來又想請我到他家吃飯，我兩次都沒去。守門口的老警察姓畢，問他天天在這裏等誰，老人不知道我的名字，就告訴他怎麼回事。他跟老人說我調到山頂，老人就到山頂去找我，要請我吃飯。雖然我老婆還沒來香港，但我始終沒跟他去吃。後來老人總是過意不去，又買兩瓶酒來。老畢說，你趕快拿走，這樣做犯法，他不會收的。

韓戰期間專抓美國兵

一年後，我調到港島衝鋒隊。當時美軍正在打韓戰，一休假就來香港。美軍在灣仔有自己的專用碼頭，叫分域碼頭。灣仔是有名的酒吧娛樂區，專做美國兵的生意。他們每次過來，都會成群結隊到那裏飲酒尋歡，整天都醉醺醺，通街鬧事，掬着鴨子[2]四處小便，看見大姑娘、小媳婦就去調戲，搞得市面烏煙瘴氣。人家打電話報警投訴，也沒人去干預。本地警察根本就不敢管，放任他們胡來。

我們的幫辦是個外國人，說不可以這樣下去。衝鋒隊後面的空地有棟房子，他在那裏教我們打拳和擒拿，學完就去抓美國兵。他教的全是個子高大的山東人，因為他教的那套拳法，個子小的話，根本沒法用。抓人的時候，前面一個人引他，另

---

[2] 威海方言，指男性生殖器。

一個人跟後面一手抄腰，把他的脖子一按到底，他就會氣喘，不能反抗。

後來我們跟着他，專門在灣仔出崗。人家一打999報警，幫辦就帶我們出動。到了出事地點，他留在車上看書，我們下車抓人，但不能隨便抓，屢勸不聽才能抓。抓了後送到警署，如果有需要把他們送上法庭，我們就要作供，說明他鬧什麼事，我們怎樣抓他。經過調查沒犯大事的話，就打電話給憲兵來把人領走。當時這種事經常發生。

撒拉遜隊責任重大

幫辦之後獲升為警司，升職前，他常常記着我們這班人。他從衝鋒隊調到交通部後，要找人學車，挑了幾個人，我也有份。當年PTU的撒拉遜[3]隊我也守過，跟衝鋒隊不是同一回事。在警察部，只有碰上重大突發事件或特別危險的場合，譬如六七暴動，才會出動撒拉遜。撒拉遜特別矜貴，責任又特別重大，所以警察部規定駕車的也要是警目，不可以是警員。

由於很少遇到特別重大的事情，所以我們平時的工作主要是保養好它，確保一旦發生重大事情，能夠隨時衝上去。每天早上我們都要開一開撒拉遜的引擎，讓機器運作，檢查每個機件是否妥當。之後還要到外邊跑一跑，測試一下車輛的性能。一切都正常後，再把車擦乾淨，天天如此。要知道它每啟動一次，單是燃料消耗也不是個小數目。它的零件也特別昂貴，稍微不好就要更換，而且還要到英國買，根本是個燒錢的傢伙。

撒拉遜還很容易出意外。有一次瑪麗醫院要發工資，我們押解大款過去，回程時在薄扶林道華人墳場一轉彎就掉到溝裏。那裏的馬路彎彎曲曲，當時還下着雨，撒拉遜的輪胎全都

---

[3] 即裝甲車。

是橫紋，一轉彎就往一邊閃，本來要轉右卻往左邊去，在半坡掉下去。不過撒拉遜還真是結實，滾了好遠，裏面沒一個人受傷。可是，車卻作廢了，因為換零件修理還不如直接報廢，所以現在都換成美國裝甲車。

威沃（Weaver）當撒拉遜代理主管時，他和軍隊的撒拉遜隊常有聯絡。車子哪裏壞了，如何保養，怎樣換輪胎等，他都到軍隊詢問。有一次，一班英國兵來了，聊起車胎時，說一個人不能處理這個東西。當時我也在場，就說自己一個人就可以。小兵當我開玩笑，就跟威沃說，如果真的可以的話，就請他喝啤酒。一個車胎好幾百斤，放在地上廣東人扶都扶不起來，裝卸的時候全靠個人力氣。我就慢慢把它拆出來放在地上，再慢慢地使勁把它扶起來、滾起來。結果，他們弄來啤酒，找幾個洋鬼子幫辦一起喝。以後只要是軍隊來，威沃就跑去吹噓說：「我們這個裝甲車隊和你們不同，你們那邊一個人搞不定，我們一個人就行。」

副警務處長關賢（右）向谷敬齋（左）頒授褒揚獎狀，攝於1970年代。

我退休的時候被調到尖沙咀水警管車，在那裏多待兩年。水警用的人，不敢說全部，大多數都是在英國船或海港上工作的，一來到香港就當警司或幫辦，在警政方面根本是亂來的。有時候來跟我要車，他遲來沒有車，就說某人都有車，為何他沒有？天啊，人家先來，你來晚了有什麼辦法？再說，譬如他們要到警察學堂觀禮，為何不兩個人坐一輛車呢？很多人都不理解警察部請他們來做什麼。

　　當警察的時候，我有很長時間在警察司機部隊當運輸主管。1972年，我升任警長，並在1979年晉升為警署警長，獲得警察長期服務獎章、警察長期服務獎章加敍第一和第二勳扣。我在1986年離開警察部，總共服務了36年。

林志敏警服照

經手過的大案多不勝數

林志敏 | 1950年入伍

受訪日期及地點：2011年2月25日於香港警察體育遊樂會

我於1928年12月26日出生，故鄉在煙台大東夼。1948年，我在煙台第二中學讀中學，讀到中三還未畢業就退學，坐風船單槍匹馬逃難到韓國。當時煙台歸國民黨管轄，我們學校裏的軍訓教官都是隸屬李彌第八軍的。那時候出門沒有人管，也不需要辦什麼手續，直接走就可以。

在仁川下船後，我坐火車去漢城（今首爾），經朋友介紹，到釜山一間叫蓬萊閣的飯店工作。做了兩年，我發覺韓國人很歧視中國人，當時我弟弟、姑媽和表姐都在香港。1950年，我就偷渡來香港。

合慶南面哪有林家莊？

香港生活艱苦，找不到工作，我剛來到的時候又水土不服。我曾到建築工地擔泥，但每天賺到的錢連糊口都很困難。那時候，香港紗廠規模很大，我便想辦法希望考進香港紗廠工作。雖然紗廠的人也是山東人，但他們說我身材太高大，不聘請我。他們登報招工，要求18歲至22歲，那時我還未滿22歲，他們卻沒有理會。

當時我住在姑媽位於李鄭屋邨的木屋，而我的表妹就在香港紗廠工作。總是要她拿薪金接濟自己，我很過意不去，最後我就決定去投考威海衛警察。

我不識路，也不懂廣東話，只好寫字條沿途問路。到達西營盤七號警署之後，警局門口有警察，我不敢進去，就用字條跟他表明來意，他便讓我進去。

我對威海一無所知，所以就問「瞌睡兒」[1]如何報籍貫。他是合慶人，所以跟我講：「你不姓林，去到你就告訴他，你是合慶南面林家莊的。」當時考官是「小地瓜」[2]，雖然是威海籍，但不是在威海出生，對威海的人和事，他什麼都不知道，要是換了謝蘭亭、姜培俊這些土生土長的就不行了。我也不知真假，反正就這麼照着報。後來威海人跟我說：「幸好你遇上的是小地瓜，要是換了別人，不打你一巴掌才怪。合慶南面是海，哪來一個林家莊！」

我考進去以後，發現同班同學裏竟然還有四川人，我們完全聽不懂他的話。楊督察問他到底怎麼考進來，大家才知原來他是找人替考混進來的。

當時考警察要接受讀默試，考官拿報紙讀300個字，要考生默寫出來，寫錯三個字就會不及格。我恰好錯了三個字，只是在等朋友考完再一起回去。沒想到，過了一會兒，他們跟我說：「林志敏，你很幸運，你錯了三個字。但那班招警察的等你們最後一班等了一整年。算你走運，可以啦。」那時候很多人考警察，考了很多次也不成功，我和我的朋友考一次就成功，真的很幸運。

雖然我們是在香港招募，但威海衛警察屬於海外僱員，入學時每人補發60元，當是從威海來香港的船費，每月除了薪金，還有海外僑居津貼。當時香港還有印度錫克籍警察，青洲島上的火藥庫由他們駐守。因為錫克教教規禁止教徒吸煙，礦務局就向警隊租用他們守火藥庫。

---

[1] 威海衞警察劉延榮的別名。
[2] 威海衞警察姜樹莊的別名。

1950年5月23日，我們進入警察學堂受訓。在警察學堂，廣東人只需受訓三個月，我們因為要額外操練長槍，所以要訓練四個半月。剛開始進去宣誓時，還要簽三年合約，期滿後再續約。當時，我們都期望有一天能重回故鄉，沒有誰想留在香港，我就不想簽，他們說簽約後只要提前一個月通知也可以辭職，所以我就簽了。誰知道三年又三年，到最後38年也過去了。

山東人夠大膽，結果全被調走

1950年10月畢業後，我們被送到紅磡警署，暫時編到廣東隊。後來九龍城興建新警署，地方大，我們就被調過去，但在那裏駐守的時間不長，因為我們山東人膽子大，闖了不少事，槍擊事件就發生過很多次。

有天晚上，黃毅文和編號4734行咇時在金巴倫道三角花園碰上劫匪搶劫。編號4734跑得快，上前纏住劫匪，誰知道後面還有同伴，開槍把他射倒。另一晚，編號4738在天光道行咇，看見一輛私家車駛過來，丟了東西到山溝，結果他跑上去就向着那輛車開槍。

還有一次，我和谷源書在九龍塘行咇。晚上10時，突然有幾個工人從火車道跳過來說有人打劫。我們跟着他們跑到一處草叢外，亮着手電筒呼喝："Come on!"，谷源書開了一槍，接着一隻隻的手陸續從草叢裏伸出來，一共有十個人。再看一看，原來是九龍塘軍隊車廠當兵的英國人！

我們把他們全趕上九龍塘八號巴士，端着槍一路押到九龍城警署。坐堂的中國人不敢做主，就交給一個外國人督察處理。督察叫我們找輛車，把他們送回車廠去。我們還以為出大事，過了兩天，上司叫我們去見九龍城的警司，沒想到每人獎賞50元，還在個人卡子上各記一功，說我們「勇敢、機警」。當時我們每個月薪金才160元，所以獎賞50元是很了不起的。

當年九龍城衙前圍道哖喳私下包的非法煙檔或賭檔，廣東人都不敢去動，就只有我們山東人敢去踢檔。又敢開槍，又敢踢檔，九龍城這班人算是見識過山東人，便趕緊把山東人全部調走，要不是去學車，就是要往外調，我就因此被調去九龍交通部。

　　有天晚上，一輛私家車沒開燈在尖沙咀開快車，我騎着車追上去。從漆咸道追到加士居道轉角處，那輛車一拐，整輛翻了。我剛下車，人從車裏爬出來，撒腿就跑。追了好幾條街，人不見了，我就上樓逐棟逐層去找，最後給我找到。在紅磡警署報案室裏，他還不說廣東話，只講英文。結果一問，他是個律師樓的師爺，哥哥是九龍城交通意外組的一個「兩劃」。

　　後來駐守新界交通部時，只有我和徐東溫兩個騎電單車，一個負責荃灣到元朗的路段，一個負責元朗到沙田的路段。平時我們就到鄉下佬家裏玩，不用出去抄車牌，因為只有放假時才會多些車。像容龍別墅下坡那裏，剛抄完一輛，很快又來多幾輛，一會兒就能抄十輛八輛。有一次，在大埔元洲仔，30輛電單車開快車，我一個人去追，最後把他們全部截停下來，30輛車一起抄牌。

　　我在軍裝部的時間很短，除了上面提到的地方，我還駐守過港島衝鋒隊和山頂。當年我們那期的山東人從九龍城往外調的時候，全被分到港島和九龍的衝鋒隊、交通部、港督府及山頂。他們讓山東人駐守這些地方，是因為山東人忠實可靠。住山頂的都是香港有頭有面的人，港督府就專找山東人去守。後來不夠山東人，才調入廣東人。

經手過的大案多不勝數

　　1956年，我被調到IB[3]影相房。當時我因病住院，出院後就向人事科申請調個輕鬆的工作。他們叫我去荃灣水塘守警崗，

---

[3]　即香港警察鑑證科的英文縮寫，下同。

香港首任廉政專員姬達爵士訪問警察鑑證科，林志敏為之介紹工作情況。

那個地方環境不好，食物也不合胃口，他們就調我到影相房暫駐六個月，結果一做就是31年。

1953年，我獲推薦去東方行警察總部面試。當時我只是個「新仔」，分明是去陪跑。結果我做了19年才升「兩劃」，後來「睡覺時」又轉成「三劃」[4]。1982年，當時薪金才9,000元，我已經當上時沙[5]，做了33年零4個月，55歲，還屬於專業人士，退下來可以再「翻閹」[6]，挺划算的。退休後，我又「翻閹」兩期，1988年差不多60歲才正式離開警察部。

---

[4] 指1972年警隊職級改制，取消警目，全部警目轉為警長。

[5] 警署警長的俗稱，又稱「咩喳」。

[6] 指退休之後再次申請入職，其後以合約形式繼續留在警隊服務。這被視為警務人員一生最好的安排，享有退休金和長俸，而且由於屬於已經退休，即便犯下大錯也不能革職，最多是停止僱用，不會影響繼續支取長俸。

影相房最初有六位師傅，只有我一名警察。後來擴充到三十多人，其中二十多人是警察，所以就把我提拔起來管理他們。影相房有幾個辦公地方，譬如天光道九龍總部、上水新界分部等。逢星期一，我都要開車接高級警司福克遜去巡視。福克遜是從英國來的鑑證專家，IB總部第一把交椅。每年春天，我要提交年度報告，秋天又要寫推薦升級報告，全以英文撰寫，很辛苦。我英文不太好，在山東只有中三程度，來香港讀到中五就沒再堅持下去，所以後來要我升督察，我立即拒絕了。

在IB影相房工作時，我經手的大案太多了。譬如三狼案，這宗案最初就是由我們山東人李世和破的，當時他帶隊檢查來往車輛，突然有人大喊救命，跑來報案，說龍翔道那裏有人要殺死他，李世和就跑過去把人給抓起來。結果一審，他們正是綁架黃應求的兇手。案中死者黃應求、鄧天福被埋到聖士提反書院那個山坡上，我去過現場，回來還把黃應求的頭顱拿到影

林志敏（右一）被委派拍攝全港邊區地形時，在新界稔灣警崗與全體職員合影，攝於1970年代。

相房裏研究。跑馬地的灶底藏屍案，一對從外國來的母子，晚上被殺後遭埋到灶底，案發後，我到現場，抱着那兩個頭照幻燈片。還有跑馬地紙盒藏屍案，一個女孩遇害後，被藏到一個箱子裏蜷曲着。還有就是雨夜屠夫林過雲，專門在雨夜裏挑年輕女人下手，把她們的私處割下來放到米酒裏泡着。這些案件發生後，我都須參與偵破工作。我在影相房做了31年，經歷的太多了，但人老很多都記不起來。

當年警察部有很多體育比賽，尤其是拔河比賽，任何人都贏不過山東人，巴基斯坦人和廣東人根本就沒法和我們比。我們IB的強項是足球，因為老闆喜歡踢球，如果你想進IB，只要知道你會踢球，立即就會收，所以IB全都是「波棍」。每逢星期二、五，我都會帶隊到掃桿埔陸軍球場練習，一直帶到57歲。有一年，我們囊括四個獎杯，之後我們就不踢了，讓給其他人踢。

從前不敢回故鄉

我在煙台還有個妹妹，外甥也是當警察。直到1985年，我才第一次回故鄉。要說起原因，這裏面還有段插曲呢。1945年，先是共產黨八路軍在煙台，動員小青年參軍。我們村有五個人，小東夼、上曲家、下曲家等鄰村也有不少人。我被分配到新兵隊裏，結果我跑了，回煙台給綁起來怎麼辦？就這樣，我一直不敢回去。

後來，我陸續把在杭州的弟弟、西安的叔弟及煙台的妹妹申請來香港玩。我弟弟跟我說：「現在共產黨完全改變了，你要是害怕，我陪着你回煙台。」

那次我回去住華僑賓館，最初他們以為我從韓國來，提供的房間不太理想。第二天早上，我們從火車站取回行李，被林經理看見，得知我們是從香港來的，立即調換房間。不久之後，他又上來說下午警察局有兩個官要見我們。

那兩個官一個叫杜建軍，後來升了局長，現在也快退下來。我掩飾說自己在香港做影相的，怎料他早已知我是警察，但也沒多難為我，問了幾句我在警察部的工作，然後就問我們想到那裏玩。第二天，杜建軍開了輛專車過來，我心裏沉思他是來監視我的，他帶着我們去威海，逛了逛環翠樓、劉公島，逛完了就在那裏吃飯，我們給錢人家也不收。第二天，他又帶我們上蓬萊閣玩，吃了飯就到旁邊的警察局看看。

　　從1985年開始，我每年都會回去，有時候一年還回去兩次，故鄉現在的環境比我當年好得多。我在煙台還辦了個公共汽車免費乘車證。不過我辦證的時候，他們不懂我們的身份證，結果把員工號碼寫在上面。我在1928年出生，他給我寫1926年出生，反正拿出來有相片就可以了。

在憲任官會所改良西餐

苗豐禮 | 1952年入伍

受訪日期及地點：2010年5月4日於香港警察體育遊樂會

　　我於1935年出生，故鄉在山東威海山後里窰村。我自小就離開家鄉，因此對故鄉的印象很模糊。日本人攻打威海的時候，我跟着祖母來過香港，由父親的朋友幫忙照顧。當時我們住在擺花街，有空我就到大館門口去看警察抓小販。當時經常看見包頭的印度警察前往警署，讓我感到很好奇。

　　日本人攻打香港的時候，我們回到威海故鄉居住。住了一段時間，父親去上海經商，後來又把我和母親接過去，住在霞飛路。我在上海讀過幼稚園，當時我已經八歲，個子長得高，年紀比別人大，我感到很尷尬。後來，我在霞飛路青年中學一直唸到中二。

在虎門當上解放軍炊事員

　　上海解放一年後，我跟父親的一個熟客王先生到廣州，在一德中路的啟泰行工作。啟泰行是一家廣東商行，當時北方人到廣州做生意都會住在啟泰行，所以需要一個北方小孩服侍他們。我在那裏工作時很開心，所謂「土不親人還親」，我這個小孩又很聽話，來自北方的客人對我都很親切。每當他們離開廣州的時候，都會打賞些小費給我，我就把錢寄到上海養家。

後來因為三反五反的關係，啟泰行的老闆就把店結業，我在廣州無所事事。當時有一班山東客集資在廣州開了一間新華飯店，地點在一德中路，我沒有錢參股，就在那裏工作，但只有小費沒有薪金。當時的邵老闆對我也挺好的。當時我在麵案[1]學手藝，我對烹飪很有興趣，所以現在京菜館的麵食我差不多全都會做。

　　那間飯店只經營一段時間就關門了，因為廣東人對京菜始終不太感興趣。之後我就到一個廣東朋友的涼茶店賣涼茶，晚上就在涼茶店的大房間裏睡覺，同樣是沒有薪金，但長此下去也不是辦法。邵老闆有一位姓田的親戚在虎門海軍後勤基地當政委，有一次他碰見我，就問我想不想到虎門去，他可以介紹我去軍隊當炊事員。我答應了，反正有工作就行了。

　　在軍隊工作期間，我的婆婆去世了，家人辦完後事才來信告訴我這件事，還說我們家給掛上了一個大紅燈籠，寫着「光榮軍屬」。其實我只是軍隊裏的炊事員，並不是士兵。當時我在軍隊每天要煮11個人的飯，只需服務長官，每個月的薪金大約有200元。雖然我有能力完成這個工作，但心裏卻不太樂意，於是就向田政委請辭。他一再挽留我，說要是我覺得工作太累，可以給我派個勤務兵當助手。又過了一段時間，我還是想離開，於是又向他請辭。田政委也很關照我，於是就給我開了一封解僱信，讓我找別的工作。

　　沒想到我拿着那封信到廣州勞工處登記時，他們卻說我是軍隊的人，不是工人，所以不受理，我只好又回到朋友的涼茶店。那時候我還去過鐵路局，投考火車頭裏鏟煤的工作。因為我的手臂沒有力氣，結果考不上。後來，我在香港的表叔知道我落難廣州，就給我辦到香港讀書的手續，我就離開廣州來香港了。

---

[1] 餐飲業中做麵點的工作。

我在廣州的時候，每次寄錢回家時都會給家裏寫信。沒錢的話，就既不寄錢，也不寫信。後來姐姐來信跟我說，你沒錢寄回來也不要緊，至少要寫信回家報平安。我的母親因為太掛念我，找人算命占卦，我回信問她卦上是怎樣說的，她告訴我，卦上說這個人在廣州落難，但人是平安的，他要繼續往南走，真是十分靈驗！

最後一期威海衞班

來到香港之後，表叔安排我住進八號警署的港島交通部警察宿舍。當時我們威海人大多住在木屋裏，對於前來投靠的鄉親，吃多少不是問題，就是在住屋方面有問題。我的表叔在港島交通部工作，警察下班後替他們擦鞋、擦皮帶，把衣服拿去洗衣房洗燙。我在那裏住了三年，白天幫忙，晚上就到堅道讀英文夜校，當時在香港能說幾句英文是很難得的，後來我還到過粉嶺的英軍軍營洗衣服。

菲臘親王在總督府檢閱香港警察儀仗隊，右四為苗豐禮。

1955年，我考了威海衞警察。我們一班24人，還有幾個是上海人和江蘇人。雖然他們報考的是威海衞警察，但他們卻不是威海人。下一期，由於威海人不夠，就組成一個混合班，大多數是廣東人，只有7個是威海人，他們雖然享受威海衞警察的待遇，但不是正式的威海衞班，所以我們是最後一期正式的威海衞班，以後再也沒有了。

離開學堂之後，我們到大館集合列隊，高個子派往衝鋒隊，最後那幾個就留在大館。我駐守港島衝鋒隊兩年，之後被調到九龍衝鋒隊。巡邏的時候，我們一隊八個人，其中一個是警目，而我的職責大多數都是做電報生，即是無線電通訊員。之後我回到港島交通部，在交通部工作了兩期，主要是在告票房處理有關交通案件的文件。離開交通部之後，我到了警察總部當庶務警員，三年後升為「兩劃」，然後就調到灣仔警署。

苗豐禮（左）帶隊乘水警輪赴東平洲警察訓練營接受反偷渡訓練，攝於1964年。

我在灣仔警署多半是在報案室裏當坐堂，有時出去拉崗[2]做巡邏，也守過灣仔硤，即是現在的警隊博物館。

在憲任官會所改良西餐

數年之後，因為我十分喜歡烹飪，於是我被調到警察福利會膳食組，派到警察憲任官[3]會所。憲任官會所位於警察總部頂樓，專為警司以上的高級警官服務。我在那裏駐守了11年，是我的警察生涯中駐守時間最長的部門。我的職責除了烹飪之外，有時候還要主持不同的宴會。舉例來說，有警司退休，要辦一個歡送派對，就會由我來主持和安排。

我對烹飪十分有興趣，飲食是千變萬化的，材料多一點或少一點，感覺都會不同。我在憲任官會所的時候，曾經改良會所的西餐。我有兩道菜最拿手，外國人吃了都覺得很驚奇，評價很好。

第一道菜是烤羊腿。英國人本來是用葷油（豬油）包着羊腿，放在焗爐裏烤，但是經我改良之後，就不再用豬油了，而是把蒜蓉塗到羊腿上，然後再烤。這樣燒起來，蒜的香味便特別強，曾經有長官進了餐廳後聞到香味，立即問：「今天下午吃什麼，怎麼會這麼香？」他們知道要吃燒羊腿後都很驚奇，都說很好吃。

另一道菜是牛肉餡餅。英國人做的牛肉餡餅，我曾經在英國吃過，乾得嚥不下口。我把牛肉切粒，用洋蔥炒熟後，加上紅蘿蔔，放在焗爐裏焗三個小時，肉就變嫩了。然後，把肉倒進一個瓷盅裏，上面加上西芹和四分之一隻熟雞蛋。最後，用酥皮往盅上蓋，焗十分鐘，肉都是熟的，酥皮也漲成像花一樣。吃的時候，每人手執一盅，拿刀刮起來放到盤子裏，再加上大頭菜和蕃茄。他們都覺得在英國吃不到這道菜。

---

[2] 一邊巡邏，一邊監察其他警員工作表現。

[3] 香港警隊中職級為警司或以上的高級警官在就任時必須刊憲，因此又名為憲任官。

我在1990年退休，有時候會回去找老同事敘舊。他們跟我說：「苗先生你在這裏一幹就是11年，你走了以後，一年之內就換了三個人。」在憲任官會所工作的確很清閒，只需要負責一個午飯，5時就可以下班。因為太休閒，有些人就變得不負責任。現在憲任官會所已經沒有警務人員，都是由外面聘請的，自負盈虧。

值得敬重的老上司——莊士敦

香港政府每年都撥一筆錢給長期優良服務公費旅行獎勵計劃，供工作表現優秀的公務員申請，去什麼地方都可以。我在警察總部工作時，曾經很幸運地享受到這個優待，和太太到歐洲旅行。有很多政府部門的人參加那一次旅行，其中一對消防局的公務員夫婦不能吃西餐，每天晚上一回到酒店，就拿電飯煲煮鹹魚飯。結果，整條走廊、地毯和牀都是鹹魚味，我們都感覺很不好意思。

苗豐禮在警察總部憲任官會所接待香港警察榮譽總監雅麗珊郡主，右一為副警務處長武毅。

旅行團在倫敦解散後，我和太太自費到蘇格蘭看望當時身患絕症的前上司莊士敦。他擔任過助理警務處長及警察欖球隊隊長。蘇格蘭人很純潔，警察部裏的洋人派別林立，有英格蘭派、蘇格蘭派和愛爾蘭派，最好的是蘇格蘭人。莊士敦是一位很值得我敬重的長官，為人很好，沒有架子，又很隨和。他的家有一間「香港房」，專給來自香港的朋友住。我去他的家後，他又招呼我遊車河，又請我吃京菜。後來我回到香港，警司都知道我去了探望莊士敦，原來他把這件事告訴了很多警司，說他很高興。現在他已經因病過身，這個長官很值得我懷念。

太太一生幫我很大忙

我27歲那年，經朋友介紹認識了我的太太。她也是威海人，1940年跟着外祖父和外祖母來香港投靠她的舅舅。我們婚後生了一個女兒，兩個兒子，女兒已移民到新加坡，兒子們都在香港工作。太太這一生幫了我很大的忙，她沒有外出工作，一直在家裏照顧小孩。當年她看見其他人駕車送孩子上學，於是決心學車，拿到車牌後就成為我們家的司機。最初她只載孩子上學，後來就開始載其他人的孩子。這麼一路下來，小車慢慢變成大車，也幫家裏賺一點錢。她對我的事業和家庭有很大的幫忙，一家人也照顧得很健康。

我們曾經回上海探望我母親，當時我還未退休。以前的在職警察絕對不可以回內地，後來中英關係好一點，才放寬了一些。我們回內地很麻煩，一定要在內地有家人才可以回去，而且要通過政治部審查。後來我跟太太也到過威海，僑聯都很歡迎我們。

太太在我65歲那年得了絕症，她逝世後我就跟兩個兒子相依為命。其後我自己回去威海向外母交代太太病逝的事。我在職的時候，曾經和太太把她申請到香港跟我們一起住。後來太太要駕保姆車，每天很早就要出門，我也要工作，孩子也要唸書，外母在家裏沒事幹，就望向窗外或在花園裏細數天上的飛機。因為沒有時間照顧和陪伴外母，太太就把她送回威海，由妹妹家照顧，我們每個月寄錢回去照顧老人家。

我在犯罪手法小組部門的生涯

戚其選 1951年入伍

受訪日期及地點：**2010年7月28日於九龍觀塘順天邨**

　　我於1929年出生，家住威海衞城裏西南村。我們家的生活主要依靠土地上的收入。當年全威海都是這樣，只要勤快，誰的家會沒有幾畝地？1947年，我在威海中學讀書，感覺學不到什麼，在威海也沒事可做，就去了青島外婆家。我們全家人很早就到了青島，我在青島一家鐵工廠工作，但並不如意，也沒前途。本來我到電機部學習，結果他們人手不夠就叫我去打鐵。後來我父母去了天津，我借機也跟過去，在那裏待了兩年。

　　天津有個藝術館，教國畫和西洋畫，我在那裏學的東西，使我日後獲益不淺，可惜只學了三個多月。解放後，館裏派我到天津戲劇曲藝工作者協會工作，幫助籌備山東農產展覽會。展覽會一結束，我們就各散東西。當時很多人去香港當警察，譬如戚其昭和傅元直，我以為到香港能找到工作，所以也想辦法去香港。

香港警察很多部門都由山東人開拓

　　我從天津坐船來香港，到香港之後，才知道找工作不是想像中容易。後來一位長輩幫忙，我到謝斐道德昌印刷局做了一年，薪金只夠吃兩頓飯而已。

有一天，表弟帶着于本澤過來找我一起去考警察。其實之前我已經考過兩次，但是第一關就過不了。外國人看中國人的年紀不太準確，當時我才21歲，但是警察學堂的警司看了一眼就嫌我老，我很失望，就不想再考了。坦白說，我的性格也不適合當警察，只是想找個地方混兩餐。結果最後這次竟然考上，1951年8月16日就進了警察學堂。

　　以前總督府、山頂、交通和衝鋒隊這些地方，全是威海衛警察守着，沒有本地人。從這一點來看，英國人最信任山東人，所以把最重要、最危險和最艱苦的地方，都交給我們。不單這樣，香港警隊中的很多部門，譬如CRO[1]、指模部，還有驗假鈔的，開始時大多是山東人先進去，以後部門擴張，人手不夠，才叫本地警察加入。

---

[1]　刑事紀錄室的英文簡寫，下同。

香港警校威海衛隊第十屆畢業典禮，最後排左六為戚其選，攝於1951年12月1日。

畢業後我被派到大館，那裏幾乎全是廣東人，是山東人都不喜歡的地方。我們廣東話不靈光，而且本地警察很腐敗，我們受盡排擠。總督府也沒人喜歡去，因為更份編得不好，有時還要追更。我最想守的是山頂，但是始終沒有調到那裏。不過，不管在哪個部門，我都頗受歡迎，因為我會畫圖。每個部門多多少少都需要這種工作，尤其是交通部。

會美術的人，眼睛都很準確

1961年，我被借調到IB影像房，跟一個咩喳拆相。拆相就是把反映人的基本面貌特徵的七個部分，即頭髮、面型、耳朵、眉毛、眼睛、鼻子和嘴巴畫在膠片上，供人辨認，我們稱為「七孔」。當時政府要求畫這一套東西，我不過是個小警員，又怕頂撞了咩喳，他叫我怎麼做就怎麼做。其實他根本不會做，竟然用箱頭筆去畫，畫出來線條很粗，根本就不合格。後來他沒辦法，只好放手叫我自己做。我去買一支很細的描筆來畫，很快就摸索到竅門，不過畫到一半，CRO的主管就主動要求調我過去幫忙。

剛過去的時候，警察部正在舉辦畫畫比賽。我本來不喜歡參與這種事，但是主管叫我去，我只好硬着頭皮參加。我隨便畫了幅香港地圖，一個警察站上去，上面寫個「罪」字，構思就是警察對付罪案。後來碰上戚富國，他是我當差的擔保人，當時我還未知道結果，他就跟我說：「畫畫你得第一啊！」此外，因為政府認為我之前在IB畫的膠片有價值，於是我獲得500元獎金。當時500元是我一個月的薪金。

我在CRO的犯罪手法小組部門（MO）工作，負責分門別類地整存罪犯的罪行記錄。所有罪犯的相片我們都有存底，罪案發生後，雜差[2]就把報案人或者證人帶過來，讓他們辨認照片。

---

[2] 偵探人員的俗稱。

如果疑犯的照片不在裏面，我就要根據他們的描述把疑犯的相一點點拆出來，然後印到通緝令上。還有個工作是畫「當舖紙」。譬如誰家首飾丟了，我就要根據報案人的描述或金店提供的草圖畫出來，再拿去印刷。每天早晨雜差就把「當舖紙」派到香港的每一間當舖，看看有沒有人拿着失物去典當。

在警察部裏，我的工作屬於輔助性的專業支援工作。曾經有個女人被謀殺，而且被毀容，眼睛、眉毛、鼻子、嘴唇全都被割去。後來雜差找到一個曾見過她的女工，我根據證人描述，把這個女人的面貌畫出來。畫像登報後，找到一些見過這個女人的人，並根據這個線索偵破案件。還有一宗謀殺案，雖然大約知道是誰行兇，但由於證據不足，不能隨便去抓他，所以也需要根據證人的指證去「拆相」，然後找出證據。

拆相不是經常畫得準確，很多證人都敷衍了事，像不像只有他知道，他說像就像，他說不像就不像。學生就不同，他們天真而且認真。曾經有班學生被搶劫，來我那裏拆完相後，又回來兩次，說哪個地方不對，還說那個人花名叫「狗仔」，

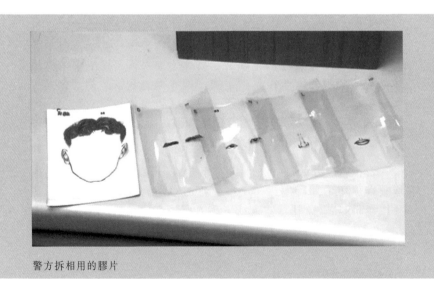

警方拆相用的膠片

最後我給這張相起名為「狗仔」。案件在西營盤發生，後來雜差看見一個人跟相中人很像，但沒證據抓他，就在背後猛喝一聲：「狗仔！」他應了一聲跟着回頭，結果立刻就被抓住。

會美術的人，眼睛一般都很準確。職場上，應當論專業水準的高低，不該講究級別的大小，但很多時候「大石壓死蟹」，明明我看得清楚過上司，他卻矢口說我不對。有一年，滙豐銀行被打劫，銀行把閉路電視照片送過來，我們對着照片查相簿。我說這個人左耳兜風，警司就非說是玻璃反光。結果劫犯抓到後一看，耳朵真是兜得好厲害。其實很多時候，雜差明明是根據我們的畫像抓到罪犯，但為了搶功勞，不會說出來的。台前幕後，我們就是當幕後的。

哥頓（Goden）剛做CRO主管時，有一次加班，需要借IB的同僚幫忙。因為我是從IB調過來的，他便以為我是IB的同僚，叫我幫忙做指模。其實我只做過IB影相房，根本沒做過指模，就說不會做。後來，一個「大寫」³來跟我說，哥頓批你的卡子說：「這個警員不想升職。」他沒理由這樣批啊。第二年，他又把我的卡子批下來，他說：「這個同僚如果將來被調走，我不知道能指望誰來頂替他。」

警務處長親自舉薦也升不了職

英國人的規矩很麻煩，他們一定要先拆相，不准先「拓像」⁴再去辨認，以免對疑犯不公平。最初我有一個文員幫忙，但即使讓他當着我面拆也不成功。他上下左右都分不清，而且必須是警察上法庭，結果就全都由我來做。1961年開始，起碼有十年，香港島和九龍所有案件的拆相，只有我一個人做。直到1973年，才請到一位副手幫我。到我退休時，那裏也只有三個人。辛苦之餘，升職也受影響。

---

³ 文職人員的一種俗稱。
⁴ 專業用語，把分散的人臉五官小圖組合在一起。

香港警察的升職，不是上司讓你升你就能升，既要通過輔政司，又要符合編制。例如幾個警員裏面可以升一個沙展，幾個沙展裏可以升一個咩喳。這個規矩對於在外邊的部門還可行，但對專業部門就不太合理，特別是我所在的特殊部門。這部門必須要用我這個人，但裏面只有我一個，所以我就永遠不能升職！

有一年，香港很有名的警務處長薛畿輔來查房，查完房後，我的上司跟我說，警務處長舉薦你升職。結果等了一年多，還是不了了之。一旦我走了，就很難再找到一位像我這樣的人。

其實升不升職對我來說都沒所謂。我的職務在某些部門很受歡迎，但一升職，就要出來面對市民。我能自己修身、自己刻苦點，但不願意管人。

對外國人我一直都公事公辦

說起來我真有個怪脾氣，面對外國人時，只要我有理就不怕他。CRO曾經從英國請了個專家做警司，結果把CRO弄得翻天覆地。我們累積多年經驗，各方面一直安排妥當，他一來就全部推倒重來，跟以前完全相反。當時督察人挺好的，最初跟他介紹說我是個藝術家（artist）。他聽着就覺得很不順耳，說他是從英國派來的，他才是個專家，怎麼我是個藝術家？所以不管我畫什麼，他始終不滿意，千方百計找我麻煩。我就和他對着幹，最後把他趕走。

其實我對洋鬼子一直都公事公辦。莫里遜，花名「魔鬼」，交通總部總警司，他辦公室背後的那幅香港地圖就是我給他畫的。後來他的一位商界朋友看中了，就去找柏華禮咩喳，叫我幫忙畫一張。柏華禮就叫我找人準備畫板，每天收工後幫他畫，畫好了有幾百元賞錢。但我告訴他，我只能在上班時畫，因為我每天當值八個鐘頭，晚上再幫他畫，我受不了，而且我也不要賞錢。我相信警察部裏沒人敢拒絕這種事，誰敢？

後繼有人

九七回歸當天的保安工作

王先伯（王吉佳女兒）1977年入伍
受訪日期及地點：2010年8月28日於香港嶺南大學歷史系

　　我的父親王吉佳生前是香港警隊的警長，警號是2660。當年我們住在荷里活道警察宿舍B座508室，馬金順[1]家住509室，邵福林[2]家住505室。警察宿舍一層共14戶，分A、B兩座，曾有不少知名人士住過，譬如梁振英曾住在B座6樓，曾蔭權、曾蔭培兩兄弟則住在A座3樓。

　　那時父親在警隊上班，薪金微薄，每月大約只有100元。我們家庭成員多，母親既要照顧我們，還要做兼職幫補家計，從外面拿毛衣回來繡。我們求學期間，生活都很艱苦，小學時要在家裏幫忙穿膠花，到中學時期就做暑期工賺錢。我曾在膠花廠和麵包店打工，目的是希望在新學期可以減輕家中的負擔。小學時代，我在荷里活道警察子弟小學讀書。警察子弟都在那裏讀書，因為學校位於警察宿舍範圍內，所以家長都很放心。1976年，我從威靈頓中學畢業，1977年加入警隊。

---

[1]　威海衞警察馬兆鄂之子，後任警司。
[2]　威海衞警察邵恆奎之子，後任總督察。

掃黃、掃賭及掃毒都不輕鬆

我初入職時是警員，1982年才晉升為督察。當女警期間是便裝警員，負責掃黃、掃賭及掃毒工作。「黃」即黃色事業，「毒」即毒品，「賭」即任何形式的非法賭博。我在灣仔工作，那裏的「黃」、「賭」、「毒」十分猖獗。有些聯誼會組織違法的真人表演，例如跳脫衣舞、表演雜技等。聯誼大多選擇晚上在舊樓裏舉行非法活動，但如果到晚上才開始行動很容易會被發現，所以我們會在早上10點多就到天台坐着，一直等到晚上11、12點才衝進去，拘捕艷舞主持及跳艷舞的人士。由於坐得太久，時常都會感到腰骨酸痛。

香港法例上，如果一個單位內有超過一名女士賣淫即屬違法，但當時流行的「一樓一鳳」則不在此例。為引誘客人，她們通常會播放三級片。由於只給客人觀賞，所以同樣不算違法。但是，售賣三級影帶的地方就屬於違法。我當時只有23歲，是隊裏唯一的年輕女警，有一次上級指派我去「放蛇」，

香港警校女學警訓練，攝於1970年代。

到一家店舖購買色情錄影帶。當時我們的通訊儀器很落後，遠不如現在的先進。行動前，上級給我一個類似傳呼機的東西，要我抓住時機發出訊號，通知守在樓下的同事跑上去逮捕。

進到店舖後，店主會先查問很多問題，例如我的工作。我就告訴他自己是做「一樓一」，他又問我工作的地址。他消除戒心後，把我帶到另一個房間，要試播影片讓我挑選，讓我看看是否合心意。當時我只當了兩年警察，身上只有一個傳呼機，連一把手槍都沒有，而且只有自己一個，我根本不清楚進房後會發生什麼事情，所以非常害怕。當店主拿出錄影帶準備要播放的瞬間，我立即按動傳呼機，同事們立刻跑上來將他拘捕。後來回想，那次的經歷實在驚險。假如遲按半刻，警察身份被識破，我的處境就會很危險。當時只有我一位女士在場，根本沒人能幫到我。

令我印象最深刻的是，有一次我們去掃蕩一家鴉片館。吸食鴉片需要煙槍、煙燈及煙盅等煙具，但我們進去以後，找遍全屋也找不到煙槍和煙燈，也沒看到有人當場吸食鴉片。最後我們到廚房搜索，當時舊式房屋都有爐灶，爐灶下有米缸。我們把缸裏的米全部清走後，才發現他們預先藏起來的各式煙具和鴉片，終於成功拘捕他們。

掃賭工作同樣不輕鬆。賭博場所保安嚴密，通常設有兩扇門，而且還有隔音設備。賭檔一般在舊樓裏開設，要知道他們是否正在開檔，我們會看門外的電錶。假如運行得快，就表明單位內的冷氣和燈全開。我們在外面把「大掣」關掉，等他們出來時一擁而上，掃蕩賭檔。任何類型的人士都會出現，有年青的，也有年老的。他們會賭「牌九」，裏面有很多賭錢的工具及現金。每掃蕩一次，我們通常能拘捕三四十人，起碼要兩天的時間才完成整個行動。

我從最基層的警員做起，到1982年晉升為督察，當時能在五年之內晉升督察的人很少。因為我具有實際的工作經驗，所以對於晉升會有些幫助。1990年，我又晉升為高級督察，目前我在觀塘法庭當法庭主管，負責與律政司、其他政府部門及警

務處聯繫，擔當「中間人」的角色，如果他們有問題需要徵詢警方的意見，我便負責通知及回覆。

九七回歸當天的保安工作

三十多年的警察生涯裏，除了1982年晉升督察外，還有兩件事情給我留下深刻的印象。1983年，我擔任小隊長期間，有一晚夜更當值，大概在凌晨5點接到指令，得知有位男士要在二十幾樓跳樓自殺。我們到達現場時，發現事主已經危坐在冷氣機上，隨時跳下來。當時他只允許女士上前，現場的消防人員就請我協助。我爬出窗外，與事主一起蹲在冷氣機上，勸說良久他才讓我幫他繫上安全帶。前前後後擾攘了四個小時，最

王先伯因冒險勇救輕生者而獲得的嘉獎狀

終成功把他救下來，我因此獲得指揮官加獎。深感可惜的是，那位男士後來還是自殺身亡了。

1992年至1997年，我駐守警察總部行動組，擔任重點搜查隊的署理總督察。期間，我參與過案件重組的現場搜證工作，以及香港九七回歸交接及慶祝活動的保安工作。當時我們的隊伍名為「重點及搜查隊」，英文叫"Key Point and Search"，負責回歸時的保衞搜查工作，場地包括中環滙豐銀行總部、灣仔香港會議展覽中心、君悅酒店等。這些地點都會有貴賓到訪，其中的香港會議展覽中心更是中英政權交接儀式的舉辦地點。

貴賓到達之前，我們要提前做好搜查，可以揭開或移動的東西，例如冷氣機喉、冷氣機槽、電梯、渠蓋等都要搜查，確保沒有炸彈或者其他任何不應該存在的東西。搜查完畢後，全部要用「重點及搜查隊」的封條把它們封起來。貴賓到來前的半天或數小時，我們再檢查一遍封條有否被破壞。如被破壞，就要從頭到尾重新搜查一次。如果完好如初，我們就只會針對性地做場地的保護搜查。

一家三代都是當警察

我本來不太喜歡當警察，雖然在警察環境中長大，但對警察的印象卻不太好。可是，父親很贊成我做這一行，向我灌輸當警察的好處。因為受他影響，我最終才走上這條路。

我們警隊裏有很多不同的會，例如文化學會、香港警察書畫會。除了正規職務，我姐姐王春錦還是「香港警察工藝會」的第二副主席，而我則是會員。工藝會以推廣工藝為宗旨，做一些小手工，譬如陶瓷、剪紙、插花及繡花等玩意。協會每年會頒發藝術獎章、周年運動獎章予對該會及運動有貢獻的同事，藉此肯定他們的努力，姊姊於2010年就得到警隊頒發的藝術獎章。

警隊希望我們在工餘時間,將精神放在正確的方向,並藉此舒緩工作壓力。以前的警察好賭,很容易欠下一大筆賭債。近十幾年,警隊的質素大大提高,着重健康生活模式,警隊亦鼓勵警察多做運動及課外活動,例如手工藝、陶瓷及打球等。警隊還組織了義工隊,服務有需要的人,譬如到醫院探訪、幫助老年人和孤兒。

　　近年入職警隊的學歷要求已經提高,現在要當警察並不容易,就算是大學畢業,也未必會獲聘。父親除了有四名子女當警察外,他的孫子王樹荃亦是現職警務人員。他是我大哥的長子,1987年入職,2009年晉升警長。

　　我尚有大約一年半便要退休。我在警隊工作快要達35年,雖然有點不捨,但亦感到很興奮,因為將要踏入人生另一階段。

　　我們三姊妹及嫂子曾回威海故鄉尋根,畢竟父母已過世多年,不可能從他們身上得知太多故鄉的事,所以只是碰碰運氣,不奢望有何結果。沒想到回到鳳林村,就剛碰到一位與父親年紀相若的老先生。經查問下,他竟然認識我祖父的家庭,並帶我們找到父親當年被過繼的姐姐,我們稱她「老姑」。當時她已92歲,仍然很精神,但現在已去世。經她追憶,才得知父親幼時家貧、被過繼給較富裕的家庭等諸多的威海往事。那是2004年,我們心情都很激動。後來由阿姨的子女帶路,我們找到了父親當年的住處,但是老屋早已拆掉了。

小時候就很崇拜警察

王春錦 （王吉佳女兒）1974年入伍

受訪日期及地點：**2010年8月28日於香港嶺南大學歷史系**

　　我生於警察家庭，父親王吉佳小時候在威海鳳林村長大。他自小家貧，因此被過繼給同村同宗一位沒有兒子的人士。父親被那戶人家收養，並由那戶人家供他唸書至高中。長大後，他曾到韓國、日本從事會計工作，後來回到威海時，碰上逃難時期，於是在1947年就來到香港投靠我伯父，並在伯父家居住。

四個兒女當上警察

　　同年，他考上香港威海衞警察，1949年就獲升為警長。1963年父親獲頒警察長期服務獎章，1976年退休，1989年去世。父親當警察期間，曾經歷過香港幾次暴動。那段時間他不能回家，母親包餃子或者做麵條後，便會吩咐我拿到港督府警崗送給父親，父親會與廣東籍的同事分享。1967年暴動時，我也照常去送飯，但後來聽見街頭出現寫上「同胞勿近」的真假炸彈就留在家裏，不敢再去送。

　　父親有六個兒女，我排行第四。哥哥王天成及姐姐王春葉都在山東出生，後來由母親從山東故鄉帶到香港，其餘四個兄弟姊妹，包括二哥王元冬、妹妹王先伯、弟弟王兆誼和我都在香港出生。讀小學時，父親有時會穿軍裝回家，那時我覺得他的工作很有趣。由於家住警察宿舍，身邊都是警察，耳濡目染下就很崇拜他們，所以長大後我也當了警察。

父親的幾個孩子當中，除了王天成和王春葉之外，其他全是警察。二哥王元冬於1973年入職，1988年提早退休，之後轉行金融界，在香港、上海和北京從事金融投資的生意。弟弟王兆誼於1980年入職，並於1992年晉升為警長。由於他對風水命理很有興趣，因此於2000年離職後就從事此工作。妹妹王先伯於1977年入職，1982年晉升為督察，1990年晉升為高級督察。現在她還在任，尚有一年便退休。我於1955年出生，1974年入職，1980年晉升警長，1988年當上警署警長，在2010年7月退休。

我憑那份口供成名

　　當警察後，初期我主要在軍裝部及報案室工作。1974年我中學畢業，那時警隊招募警察，學歷只要求小學程度，因此我們中學畢業的一群人相當吃香。我們擅於書寫，因此可獲長官安排文職工作。1975年，我在警校畢業後被派到西營盤警署負責「睇樓」的工作，即是當報案室警員，主要幫助值日官做文書工作。那裏有很多山東人，而我隊中剛巧有兩位山東人領導，一位是林健偉，另一位是張福祿。我們都住在荷里活道宿舍，所以份外親切。他們很盡力地教導我們，知道彼此都是山東人，大家都很高興，彼此存在着一份鄉情，亦會互相幫助。

　　當時吳傳忠大哥已當上警署警長，他亦在荷里活宿舍居住。警察部的物資有時不太足夠，他到我們那裏工作時，會拿一些火漆給我，用來打「包頭」。「包頭」是指犯人的財物，犯人被拘留，要留在警署裏，我們會保管他們的財物。假如價值超出指定金額，我們會用信封封起。另外，一些潛在危險物品也要脫下來封存，例如鞋帶，怕他們用來上吊。我們很小心保管這些財物，用火漆封印，一旦被偷偷拆開就會被發現。待他們安然無恙或已到達法庭後，我們才將「包頭」發還給他們。如果某時期案件較多，火漆不夠用，就要靠人脈關係取得。

當時有一宗案件，一個八歲的女孩被人從西營盤拐帶到深水埗非禮。那時期警察分男、女警，我跟女督察做事，她吩咐我給那名女孩落口供。因為我寫得很詳細，所以我憑那份口供成名。女孩很機警，帶我們到案發現場，重演當日的案情，最終我們成功拘捕犯人。能幫助到受害人，我很高興。後來我的表現受到長官讚賞，推薦我晉升督察，即Potential　Officer，也就是被提名為有潛質的警員，可直接考督察。不過我的體能一般，所以做不到。

任教職期間最有成就感

　　1980年，我晉升警長，期間做過不同類型的工作，例如巡邏、報案室、帶小隊、交通總部等。在交通總部時，我們會到學校宣傳交通安全的重要性。1988年，我晉升為警署警長，之後被調到海旁警署當值日官、巡邏小隊長。完成這些基本工作

王春錦父親王吉佳（左一）率衝鋒隊隊員整裝待發

後，我被調派到控制中心。市民致電報案時，我們要分配恰當的巡邏警員去處理案件。過了一段時間，資訊科技組想聘請任教電腦系統的人員，我又很幸運地獲挑選擔當這項職務。我在1995年曾經受傷，腳做過手術，不能跑上樓梯。這份工作很適合我，我一教就是18年，並得到長官的讚賞。資訊科技組後來被併入警察學院，我從那裏正式退休。

三十多年的警察生涯，時間好像過了很久，但回望起來往事依然歷歷在目，像昨天發生似的。最令我有成就感的是在擔任教職期間，控制中心和報案室的電腦系統不斷發展，我都有參與教導。那時候電腦系統不斷更新，我們需要經常學習，學完後再教導學生。當教職一定要接受訓練，取得合格成績，才可以繼續任教。進入警察學院年代，我們已達到ISO9000的標準。我相信我的學生人數沒有一萬也有數千。平時走在街上，經常有學生跟我打招呼，但有時候我會認不出他們。

雖然我體能欠佳，不能跑，不能面對前線，但我在後勤方面對警察部也有少許貢獻，使我為我的警察生涯感到自豪。我覺得自己作出了正確的職業選擇。我中學畢業時，社會經濟不景氣，看到父親當警察，我也跟着做，不知不覺就三十多年。現在社會經濟前景不明朗，假如當初不當警察，現在就不能如此優悠自在，退休後也有退休金。從頭到尾，雖然我是受父親、鄰居的影響而當警察，但在這段生涯，我感到很愉快。我覺得自己所從事過的工作都很有挑戰性，靠着不斷學習，我無怨無悔地走過了這三十多年。

王吉佳帶隊巡邏，途中監督隊員執行任務。

異鄉人在香港的生活完全不一樣

戚本忠（柏華禮、柏華智外甥）1982年入伍

受訪日期及地點：**2010年10月2日於嶺南大學香港與華南歷史研究部**

　　我於1957年在香港出生，故鄉是山東威海戚家夼，從小在蘇浙小學和蘇浙公學上學。由於中學時成績不好，父親把我送到加拿大中部的里賈納（Regina），唸了三年高中和三年大學，後來又唸了一個地理資訊系統碩士。我在1980年畢業回到香港，看見報刊上招募警務督察的廣告，就去報考警察，在1982年加入警隊。

　　我的兩個舅舅也是警察，他們是威海人，故鄉就是現在的環翠區。當年我的母親認為當警察很容易沾染壞習慣，後來大舅說服她，家裏才同意我去考警察。

為的是讓家裏日後有個依靠

　　我的大舅叫柏華禮、小舅叫柏華智，我的母親柏華蘭排行最小。本來他們有八個兄弟姊妹，不過到了1930年就只剩下他們三人，都是我外祖母照顧他們，因為外祖父大概四十多歲就病故。威海曾經是英國租借地，不少威海人到香港當警察，讓家裏的生活有個依靠，大舅也在威海考警察，1939年來到香港工作。

　　大舅在1921年出生，聽外祖母說，他小時候就很愛穿制服，還當過童子軍。後來他到香港當警察，也是因為我有個舅

公在香港當警察。這位舅公當時從事的工作很獨特，負責押解往來於香港和上海之間的犯人，每次行動一般是六個人，只拿警棍不配槍。跟大舅的經歷一樣，他也是依靠鄉里親戚的關係來到香港，也是因為生計問題才當警察。

其實當年他們到香港當警察也不容易，因為從北方到南方有很多東西不習慣，特別是語言和生活習慣等方面很難適應。幸虧警隊裏有一個獨立的山東群體，所以在警署裏都能吃到餃子之類的北方食物，但是語言問題就很難解決。大舅很愛學習，而且作為家中長子，有着一種與生俱來的家庭責任感，因此十分懂事。對於工作上和生活上的種種困難，都能通過勤奮學習逐一克服。

大舅來港沒過兩年，香港就淪陷了。1942年，他和幾個人偷渡到澳門。當時澳門還是葡萄牙的殖民地，有不少香港警察偷渡過去，包括英國的警官。在澳門，他們還能從英國領到薪金。故此淪陷期間，大舅仍然能寄錢回故鄉，期間認識了他的太太，他的岳父也是警察。光復之後，他就回到香港。

大舅有一種領袖的魅力

從大舅口中得知，他的人脈關係很好，特別是跟英國人的關係很不一般。光復以後，他主要騎電單車做交通警察，所以經常需要跟外國人打交道。雖然英國人最初大都只是督察級，但到他們退休時，通常都能做到助理警務處長，大舅跟他們之間都有30年以上的交情。

每次提起我大舅，威海衞警察們都很欣賞他，經常會給他一個大拇指。關鍵在於他為人很正派，工作勤奮認真，因此得到英國人的賞識。一步一步地升職後，他依然看重鄉里感情，不僅能完成長官交代的工作，也很照顧同鄉的兄弟。

他的外交手腕不錯，但卻很有原則。其實當年警察並不好當。他的一位同事曾告訴我，他不單在警察部裏很有名望，社會

上的職業司機也非常尊重他，都說柏咩喳人最好，因為他絕對不會無故為難甚至勒索人家。除此以外，我認為他確實有一種領袖的魅力，因為見過他的人都覺得他很幽默，很少開罪別人。

在三十多年的警察生涯當中，大舅主要在交通部工作。以前警察部每年都要舉行周年會操。有一次他告訴我，周年會操太單調，他就琢磨出一個騎電單車跳火圈的創舉。在香港警察歷史上，這是他第一個創造的。

兵頭大權在握

1960年代末，他在警校工作時，就已經是一個Staff Sergeant I，我們故鄉話叫咩喳，英文是Major，相當於軍隊裏的兵頭，直接對校長負責。與現在的警察培訓注重如何服務人群不同，過去的警察培訓重點在於要求警察服從命令，所以訓練重心都放在步操上。大舅喜歡看操練，而且他出現在操場上就代表校長在巡視，所以他又跟操場主任McCosh開創了一種新的步操方法。我能體會到他是一個勤於學習、有責任心、重情誼、有原則，也很有外交手腕的人，特別是在我們山東人所缺乏的創新一環，他都樂於和敢於不斷地嘗試。

以前警隊裏官佐級的職位大多被外國人包攬，中國人基本上只能在員佐級序列裏向上爬升，Staff Sergeant I就是員佐級當中最高的職級。香港警察又分為便裝警察和軍裝警察，當年在香港這個級別穿便裝的叫總探長，穿軍裝的叫總警長，本地人俗稱「總咩」。當年香港警隊日常的行動指揮權和職位調派權基本上全由他們掌控，實權特別大，不過人數很少，大舅當年就是一個「總咩」。我們山東人一般不能當CID，當CID的一定要能說一口很流利的廣東話，我們一般都說不好。

我小時候曾在街上看見過大舅，當時他坐在一輛電單車的小車廂裏，隔得很遠也很容易看見。當年街上的車不多，特別是他一身藍色制服，還掛着一條紅色的寬披帶，就像要結婚的新郎，所以本地人都叫他「新郎哥」。那條紅色披帶是

Staff Sergeant級別的一個專有標誌，借鑒了英國軍隊在操場上的一種穿着，就是要顯示他的重要性。這種穿着在1970年代中期已經取消，過去這樣穿着比較引人注目，也就顯示出他特殊的地位和權威。

肅貪風暴中居然沒有受到衝擊

五六十年代的香港警察相當腐敗，根據1970年代初公佈的調查結果，警察部屬於貪污特別厲害的政府部門，排名第七，第一是工務局。1972年新任警務處長是薛畿輔（Sutcliffe），但本地人不這麼稱呼他，而是叫他「殺齊立夫」。特別是第一個字，用的是「殺人」的「殺」，因為他的作風非常不同。接任後他雷厲風行地整頓警察工作，其中一個重要環節就是把當時最有權勢的12個兵頭手中的權力收回去。他們權力都很大，

港督柏立基在香港大球場舉行的警察大會操上向柏華禮頒發勳章，當時柏華禮的職級是 Staff Sergeant II，俗稱「咩喳」，制服上的寬紅帶是該職級的一個明顯標誌，攝於1950年代末。

資歷又很深，結果就在1972年把他們都升為督察。

當時這12個兵頭當中只有一個威海人，就是我大舅柏華禮。當上督察後，雖然官職大了，卻沒什麼特別工作，跟過去那種有影響力和號召力的工作不可相比，當然也包括其他方面的變化。

當年薛畿輔整治警察貪污的行動，促成了1974年成立廉政公署。在肅貪風暴當中，大舅沒有受到衝擊，在那個崗位上是不可思議的。最主要的原因在於他不是本地人那種風格。為這事我母親也問過他，他的解釋是：「你給我，我只能要，因為不要就不合群，不合群就會遭到排擠，所以在那種環境裏，你不能不要。但是我絕對不會到外頭主動向人家要錢，因此才沒有受到衝擊。」後來他跟我的交流當中，也流露出在過去三十多年裏，他本人有多安守本份，一心想着如何做好自己的工作。

柏華智（右）與同僚在港島交通部準備駕車出發。圖中的英國凱旋牌電單車（A97號）車前有一根小旗杆，通常會在為港督或外賓開路時使用，攝於1950年代。

對家庭很有責任感，對故鄉一往情深

大舅勤奮上進，對家庭也很有責任感。光復以後，大舅就想把母親和妹妹接到香港，但我外祖母不願過來。沒有人喜歡離開自己的家鄉，不過解放以後，外祖母也感到很害怕，特別是怕批鬥。雖然我母親家是一戶窮人家，但也很容易被人找到攻擊的藉口。正好當時大舅剛結婚，她也想來香港看看，所以在1949年跟我母親來到香港，後來又叫小舅和小舅母從大連來香港。

大舅原本只是自己在香港生活，後來他的母親、妹妹、弟弟、弟婦等來了一大群人，對於這個大家庭的人，他都非常照顧，安排得很好。譬如我母親當時只有十歲左右，大舅每天都給她一元零用錢。當時吃個早餐才五分錢，她只是一個小學生，每天竟然有一元，所以我母親特別敬重我大舅，到現在還經常說起大舅對家人的照顧。

大舅退休後，1993年就移民加拿大。他有三個兒子、一個女兒，先是他兒子移民加拿大，然後他夫婦也一起過去了。

大舅曾回過故鄉兩次。第一次是在1980年代初，那時候有一個威海衞警察集體回故鄉的活動，得到威海市政府熱誠的接待。第二次是在2003年，當時他回香港，我們就提議一起回故鄉過年。繼1980年後，他又闊別故鄉幾十年，感觸良多，基本上認不出故鄉的模樣，很多地方都蓋了大樓，城牆也沒有了。他對故鄉的那種情感一往情深，特別是故鄉還有一些親戚，他的堂弟妹和表弟妹等都熱誠地接待他，一起敍敍舊，說了很多小時候的事情。2007年，大舅在多倫多病故，終年86歲。

個性完全相反的小舅

小舅柏華智生於1929年，只念到小學，在1930年去了大連當學徒，主要刷油漆，弄點小工藝，生活很困苦。小舅一家在1951年來到香港，大舅非常照顧他們。當時他已經22歲，也去了考警察。與大舅的長袖善舞、妙語連篇相比，他是很木訥的人，不善於

說話，也不經常説話。他還有一個特點，就是他祖孫三代都當了警察。

小舅當上警察後，不愛在街上巡邏。在香港巡邏需要學粵語，他是一個保守和不愛説話的人，直至他退休甚至去世都説不好廣東話。過了不久，他去了交通部。他對開車有一種莫名奇妙的興趣，我想除了電車和裝甲車外，他什麼車都會開，而且他開車時相當守規矩。

沒多久他就到警察駕駛學校當教練，教了20年。在警察駕駛學校裏，超過一半的人都是威海衞警察，有些還是親戚，不僅在生活習慣和溝通方面沒有多大問題，而且能夠做一些他喜歡的工作。雖然一般人對重複性很強的工作不感興趣，但他卻非常樂意去做，而且能夠掌握其中的技巧。

小舅家是一個普通的警察家庭，他有三個兒子和一個女兒，家境確實不富裕。在1960年代，小舅母還要做一些手作來幫補家計，把刺繡、塑膠花之類的都拿回家裏做。社會上有不少人説那個年代當警察的過得很快活。其實我們威海衞警察除了極少數的例外，基本上都跟我小舅家的情況一樣，生活都很困苦，家人都要找些其他生計才能維持家用。

有一本書叫《異鄉人》，在這裏我也特別想説明一下。我們來香港，主要是為了生活。作為一個異鄉人，在香港的生活跟本地當警察的人，特別是那些CID，確實完全不一樣。1980年代我接觸過不少故鄉山東的人，從生活上的一些細節就可以看出他們跟本地警察的差別。

他們始終保留着故鄉的一種傳統，那就是刻苦耐勞。後來廉政公署成立後，抓了不少警察，我沒做過正式的統計和專門的學術研究，但根據我主觀的了解，還沒聽説哪個威海衞警察給抓進牢裏，這也是威海衞威海衞警察跟本地警察的顯著分別。

回顧兩位舅舅的一生，他們都在苦難中成長，然後從北方來到香港，經歷一種新的人生轉折，要作出一種新的改變。在當年那種嚴酷的世態裏，他們都是靠着勤儉刻苦、自立自強，

才得以立足生根的，點點滴滴都得來不易，值得我敬重與學習，也藉這個機會感謝他們。

長時間從事刑事情報工作

我於1982年10月從警校畢業，之後被派到上葵涌警署。那裏有一個警署警長，也是我們故鄉的人，叫戚道念。因為我是一個新警察，他熱心地給我解說很多東西，非常照顧我。而且也因為他的面子，其他人也不好說什麼東西。後來我又到了機動部隊，我很喜歡那裏的團體生活。之後，我被選入機動部隊學校當教官。機動部隊學校也有不少山東人，譬如廚房有個叫「黑貓」的，小食部有位叢碧輝先生，還有總督察徐瑞章先生。我當了三年零八個月教官，接觸了不少內地的同行，其中一個是公安部刑偵局的劉文局長，當時是為九七回歸做一些警務交流。

可能是山東人個性直率的關係，一些英國人都比較喜歡我。我往後的工作幾乎都是領導來找我，跟我說他要調到新部門，叫我也過去幫忙，所以我工作的範圍很廣。機動部隊之後，我到過衝鋒隊當小隊長，然後出任過慈雲山警署的助理指揮官（行政），我還到過行動部，也在交通部騎過電單車。其實我頗喜愛這種工作模式，我喜歡四處去學習，畢竟當時我還是一名警齡不長的新警察。1992年，我被調到東九龍的刑事情報部門，從此跟刑事情報工作結下緣分。到目前為止，我28年半的警齡當中，有15年是從事刑事情報工作的。

從危機談判員到特首副官

除了常規職務，我在職業生涯中還有三個其他任務，我們稱之為 "secondary duty"，即是第二任務。從1985年開始，我就在警察談判組當談判員。這個組織與飛虎隊同屬香港重要的反恐怖活動組織，主要是解決一些危機，或可稱為危機處理。我處理過超過100件五花八門的案件，一般是一些挾持人

質、家庭糾紛、企圖自殺等。在這麼多談判工作中，有兩次就不幸有人死亡，我們也沒辦法。

這項工作對我的啟發就是「生命的可貴」。有句話說「救人一命，勝造七級浮屠」，起初我們覺得救一個人就很了不起，後來就沒有了這種感覺。我把它當成警察的本分，我從這個角度去理解，能夠把警察的工作做得更好。

另外，我還是訓令支援組的成員。在一些重大事件中，例如恐怖襲擊或劫持人質，我們要建立一些類似沙盤的那種立體模型，供長官直接了解當時的實地狀況。不過，我們的工作性質後來有點變化，主要是做一些死因調查。譬如1992年的蘭桂坊人踩人事件、1996年的嘉利大廈火災等。這些事件發生後，我們就建造這種立體模型，讓死因庭的法官了解為什麼造成那麼多人死亡，以及為什麼大火能把大樓燒得那麼嚴重。

加入這個小組，主要是基於個人喜好。我大學主修地理，對立體模型、地形等感興趣。1990年，香港和內地的邊界，隔着羅湖橋那個地方，一共有27個瞭望塔。當時英國軍隊準備交給警察駐守，警隊就成立了一個野外巡邏支隊，我接受四星期英國愛丁堡公爵步兵團的偵察兵訓練。我負責教大家如何看地圖，如何巡邏等，可以說是學以致用。

我的第三個任務是擔任特首的榮譽副官。從1998年到2002年，一共做了五年。這個工作主要是代表特首接待外賓，負責外國元首到訪時的禮儀接待工作。此外，每年10月份特首頒發嘉獎令或者勳章等，一般都是我們在場打點。那五年當中，我接待了四五十人，包括瑞典國王、西班牙國王。香港人比較熟悉的丹麥王妃，我也接待過好幾次，她本身就是香港人。最隆重的是美國總統克林頓，握手的時候，他那個手像棉花一樣軟。我個人感覺，這些國家元首或者名人的手都非常柔軟。

能跟元首直接交流，機會是很難得的。但是跟他們談話基本上都要事先預備一下，他們問的東西包括天文地理以至社會百業，是很難估計的。特別是坐車的時候，有時候他們會問這

條橋是哪年建的，那棟大廈是做什麼的，有時候真的很困難。因此，每次接待他們時，我都要預習一下香港的基本情況，譬如最近的天氣狀況、金融儲備、社會面貌等，做足準備功夫。

跟元首級的人物說話，不能直接問為什麼，那樣會顯得你向他提出質問似的。做這種外交工作，語言上都要有些技巧。譬如太平洋島國湯加的國王經常來香港，有一年他要到內地訪問，途經香港轉機時，我到機場陪了他幾個小時。當時他兩個手背一共有四隻錶，我從沒見過一個國家元首戴四隻錶，隨從告訴他時間就可以了嗎，所以我就問：「國王陛下，您雙手有四隻錶，一定有特殊原因吧。」他解釋說，那四隻錶分別是北京、澳洲、紐西蘭和東加的時間，因為他從香港要先到澳洲，然後轉到紐西蘭，再從紐西蘭回到自己的國家。

這是一個很榮譽的崗位，不是一般警察都能接觸到。雖然做起來確實不容易，但我從中學到不少學問。威海人當中，我不是第一位當副官的人。在我之前還有一位名叫戚其人的警司，他在回歸以前就當副官。

特首榮譽副官戚本忠（後排右二）接待到訪的美國總統克林頓夫婦，攝於1998年7月。

與內地的警務交流

2000年的時候，為了推廣普通話，香港政府為所有政府部門舉辦了一個公務員普通話大賽，分為普通話母語組、方言母語組和外語母語組等三個組別。這是公務員隊伍中首次舉辦普通話比賽，每個部門都希望有代表參加。當時沒多少人能說普通話，我和余剛、嚴明就被派去代表警察參加方言母語組的比賽，而我是山東的，余剛是福建的，嚴明是上海的。比賽最激烈的是初賽，共有23個政府部門的選手參加，我們入圍後一路進入決賽和總決賽，最後很幸運地拿到冠軍。

就是因為這個比賽，日後凡是跟內地接觸，包括給內地培訓或者談判等，長官都會交給我來做。從2000年到2006年，我到內地或內地同行來香港時，我為他們做了不少培訓。這幾年我的工作都是跟內地作一些警務交流，例如是到廣東警察學院講課，主要是介紹香港警察的工作情況，就管理方面的一些經驗跟他們交流分享。2006年8月，我又回到刑事情報科，這是我第三次回到刑事情報崗位，之後一直做到現在。從2007年開始，我們又給瀋陽的中國刑警學院做刑事情報培訓，現已辦了六個班，還有一個導師班，幾乎每年都有兩班。

我喜歡團隊生活，但往往由於工作需要，都要在一個封閉的室內環境中工作。不過，這28年的警察生涯確實讓我認識到，警察工作裏還有很多不同的崗位和不同的職業要求。我直接從事過行政、行動、培訓、管理、刑事情報分析等多方面的工作，每個地方都有自己的特殊環境和工作特色，要用不同的方式去處理，需要不斷地學習。對我來說，警察部確實是一個很好的老師，給我很多機會學這麼多不同的東西，也給我大量機會到外地接受管理訓練，參加一些國際會議。特別是過去幾年，派我跟內地開展警務交流，讓我深感榮幸。

畢庶雄乘水警輪三號去東平洲野戰演習，攝於1960年代末。

爸爸把我們父子帶進香港警隊

畢庶雄 （畢長勇兒子） 1965年入伍

受訪日期及地點：**2012年2月16日於香港仔田灣商場**

　　我叫畢庶雄，乳名港福，是先父畢長勇的次子。我有一位哥哥，名叫港生，另外還有三個妹妹。我在香港出生，對故鄉的一切，地理環境也感到陌生，從爸爸在生，直至現在，也未曾有人帶我們兄弟姊妹回故鄉。我最近才知道家鄉是山東威海衞郭家欽村，祖輩由畢家欽村遷移到郭家欽村。我家三代都在警隊服務香港，是一個名副其實的警察世家。開啟這個源頭的正是我爸爸，戰前的香港威海衞警察畢長勇。

爸爸曾經當上游擊隊員

　　我爸爸叫畢長勇，於1908年出生，家中祖輩世代務農。他讀過幾年小學後，就跑到威海城裏打工，我們故鄉很少田地，留在家裏也沒有事情可以做。那個年代中國正處於外敵進逼、內亂四起的亂世，在威海要找到一份可以糊口的工作愈來愈艱難。後來爸爸的堂兄畢長郎私下問他想不想當游擊隊員，爸爸看見當時威海有很多學生和失業青年都參加了游擊隊，不用成為家人的負擔，所以沒有考慮太多就答應了。

　　爸爸在威海西南鄉一個山村裏接受短期培訓後，很快就被派回威海，走訪鄉村熟習地理環境及搜集情報，並在各村村董和辦事人員之間建立關係網。他的長官姓張，別名為「小矮

畢長勇夫婦與兩個兒子，前左為次子畢庶雄，攝於1940年代香港。

子」。不久後，爸爸又調到另一組，跟隨阮學謹大隊長。他們不僅要搜集情報，還要潛入敵巢，襲殺敵哨及搜捕密探。有一次，他們執行任務，途徑威海西面的萬家疃南山時，突然遇到一群身穿深色衣服、行色詭異的人。阮大隊長喊過暗號後，對方毫無反應，他立即下令開火，結果擊斃對方一員。為了逃過敵方圍剿，他們跑到里口山躲避，過了幾天沒有壞消息才返回威海總部，向上司報告情況。在山上的時候，三餐都由村董指派居民送飯，每天吃小油餅。

後來，爸爸被帶到威海西南部一個深山（崑嵛山脈）裏接受訓練。那裏是游擊隊的根據地，其實是一個有森林作掩蔽的破舊小村莊。有一天正在訓練的時候，哨兵跑來報告，發現大量武裝人員正在包圍村莊。長官立即將全體隊員分成兩隊，不

願突圍的自行找地方埋伏，其餘的人發幾枚手榴彈，待敵人逼近村口，大家一起殺出重圍。

突圍回到威海後，聽說威海衙門到處捉拿游擊隊，爸爸只好整天東躲西藏。經此一役，家人都擔心爸爸，他也不想再過着動盪的生活，決心找一份穩定的工作，賺錢養家。

香港警隊招募警察

恰巧在這個時候，威海傳來香港警隊招募警察的消息，那時大約是1920年代末。因為已經持續招考數年，當年威海人對到香港當英國警察並不陌生，我們有很多鄉親通過這個途徑去香港，而且待遇很好，所以爸爸無視游擊隊開小差的罪名和衙門的通緝，跑到威海北大營投考香港警察。

經過將近兩小時的考試程序後，爸爸被錄取了。考官是南竹島村的姜仁毓，他後來調回香港，成為香港威海衞警察中第一位督察，人稱「大地瓜兒」。這位同鄉一身洋氣，而且十分帥氣，給爸爸留下深刻的印象。

辦妥需要辦的手續後，爸爸還需要擔保人，村董聽到他考到香港警察也為之高興，爽快地應允為他擔保，還說了一句：「孩子打從今天起有出息啦！」

由那天起，爸爸整天留在家裏不敢出門，只盼望早日接到通知。終於，村董辦公室代表香港警察招募所，派人到家裏通知他在指定時間及日期到北大營警察招募所報到和接受訓練。

爸爸告訴我，當上警察後的最大體會，是要學習過有規律的生活。他們要有禮貌和紀律，走路時要挺胸收腹，步伐要一致，準時用膳、睡覺、起牀和工作。甚至用星期來計算日子，他也是從那時起才習慣。經過數個月的訓練，全體學員準備就緒，每個人都帶着快樂的心情登上前往香港的大洋船。在船上，沿途都有香港警官的陪同和照顧。那位華人警官十分樂觀，時常精神抖擻，大家都以他為榜樣。

洋船航行了大約一個星期，經過多個口岸和碼頭，終於抵達香港太古碼頭。在陪同的警官帶領下，大家魚貫地從船倉走上甲板，碼頭上已經有兩三位身穿筆直警察服裝的洋警官迎接他們。大家沿着舷梯操上碼頭列隊，聆聽警官透過翻譯訓話，問大家在幾天的航程中是否習慣、初次離開家鄉會不會想念家人，然後大家就登上警車，直達一所邊界警署。經安頓後，爸爸被派到坳頭警察哨崗駐守。

為期三年的警察合約中，爸爸幾乎駐守過新界邊境每一個哨崗。之後他再簽了另一份合約，利用兩份合約之間的三個月有薪假期，乘公費輪船回故鄉度假。這時候，他的弟弟畢長祥已經18歲，他表示很想跟哥哥一起到香港當警察。父親與弟弟和父母詳細考慮後，在雙親同意下，他帶着弟弟畢長祥跑到威海香港警察招募處投考警察。結果，弟弟畢長祥也被錄取。由於假期快要結束，他便先行回港歸隊。

歸隊後，爸爸被派到九龍市區的油麻地警署。那裏跟之前的崗位有很大的差別。爸爸最初諸事不順，幸好有多位前輩的指點。安定下來後，爸爸的朋友比以前多了。在一個社交場合上，爸爸經朋友介紹下認識我媽媽，廣東姑娘伍秀瓊。後來他調駐中區警署，那裏有很多威海衛同鄉，經威海同鄉幫忙張羅和籌備，他們在域多利監獄旁的贊善里（Chancery Lane）二樓租了一間新房。註冊結婚那天，更邀請到徐鳳禮咩喳主婚，他是威海徐家瞳人。

爸爸的弟弟畢長祥亦在這時候來到香港。他駐守九龍卡子門，由於尚未結婚，放假的時候會來贊善里團聚。我們生活得幸福快樂，直至日軍進攻香港的警報聲響起為止。

被迫當日本「憲警」

日軍進攻香港時，警隊宣佈總動員集合，爸爸需要立即回警署報到。在離家之前，他囑咐媽媽為兩個孩子趕縫棉衣，時局有變時立即逃難。戰事到了最後關頭，設在中環德輔大廈地

窖裏的軍警總指揮部宣佈全體人員解除武裝，解散回家逃避戰火，爸爸才返回家裏。

日本佔領香港初期，整個市區變成死城，市面變成黑社會的天下，大部分商店和民居被搶劫一空。三年零八個月期間，到處屍橫遍野，即使有錢也買不到糧食，除非願意為日本人工作，才可以得到他們每個月的糧食配給。為了養活家人，爸爸只好返回警署報到，為日本人當警察。日本人沒有要求什麼條件，爸爸返回大館後，在場的警官發給他一個名牌和一條臂箍，印着「憲警」二字，便跟隨警官到街上巡邏。

1944年，我出生後家裏的負擔更重，當時爸爸也不想再工作，就決定帶全家逃到澳門。當時香港政府已經在澳門設置辦事處，為逃亡的香港公僕每月發放救濟金，於是爸爸跟其他鄉親訂了逃往澳門的船票。沒想到在起程的前一天，發生了「嶺南丸」號遇襲沉沒事件，一艘前往澳門的客船被飛機炸毀。「小地瓜」姜樹莊一家就是那艘船上的乘客，當時有數百人因此死亡，據說只有五名倖存者，姜樹莊是其中之一。自此以後，沒有人敢乘船到澳門，大家只好留在香港等待蒼天拯救，父母也打消了出逃的念頭，留在香港聽天由命。

香港淪陷期間，市民嚴禁隨意燃放煙花炮仗。有一年新年，為了讓孩子們高興，媽媽竟然一時興起，忘記了禁令，與兩個孩子一起放炮仗。我們家離大館不遠，結果炮仗還沒放完，憲兵就來家裏抓人。剛巧爸爸下班回家，就把責任攬到自己身上。他畢竟是在職的憲警，到大館裏被上司審問一番後獲網開一面，不予追究，但上司要他第二天到街上抓十個犯人回來將功贖罪。此事傳開後，竟然被訛傳為畢長勇每天都要抓十個犯人交差，所以黑社會分子在街上碰到他，都會經常主動上前獻殷勤。有一次他在中環巡邏，一個「草鞋仔」¹疾步向前稱呼他「勇哥」，不料被旁邊輩分高的人訓斥，說：「勇哥是

---

¹ 黑社會組織裏負責對外聯絡、資訊傳遞的人員。

你隨便叫的嗎？哪我該怎樣稱呼勇哥呢？」爸爸被弄得莫名其妙，問清楚緣由後，不由得苦笑一陣。

1945年，爸爸本來可以繼續當警察，但有位朋友推薦他到余東旋別墅工作，條件很優厚。當時他已經做了兩朝警察，希望嘗試新的生活，所以就去了那裏工作，直至退休。他於1993年12月14日逝世。

繼承爸爸衣鉢

我名叫畢庶雄，1944年在香港出生，中學畢業後就到尖沙咀一間威海人開設的俄羅斯酒吧、西餐廳、西餅及麵包公司當學徒。後來威海同鄉的亞力山大麵包公司開業時，我又被請過去當師傅，帶人製作麵包、西餅和糖果。工作多年，薪金並不多。我覺得這份工作不能養家，於是決定繼承先父的衣鉢，在1965年投考香港警察。

畢庶雄於港島警區射擊比賽獲獎，攝於1988年。

記憶中，在剛過農曆年的一天，我在上班路上經過皇后大道中的金鐘警察招募處，就毅然進去報名投考警察。筆試、面試和其他都合格，合共用了不足一小時，餘下的手續尚待通知，一切非常順利，然後我就返回公司，若無其事地繼續工作。後來我通過體檢，再收到通知要在哪一天進入警校，才向亞力山大的老闆請辭。老闆和同事們知道我要當警察，都異口同聲祝賀我事事順利。

　　到了入學日期，我手提着個藤籃，帶着兩條純白色毛巾、漱口杯等日用品，一大清早到黃竹坑警察訓練學校報到。香港警察屬於紀律部隊，所以自學警開始，要求就特別高。經過六個月的訓練，操練和槍械射擊合格後，就可以畢業，到警區服務社會。

　　畢業後，我被派到灣仔警署，那時候我才明白理論與實踐是兩件不同的事情。有一晚，我當值夜班，被派到愛群道分段巡邏，鄰段由一位師兄負責。他在灣仔道和愛群道交界處傳授工作經驗給我後，就要我跟他一起去找個「蛇巢」[2] 休息，但我沒有答應。那天是我第一次單獨在夜間巡邏，我們分開不久，當我走近一處建築工，突然發現前方漆黑處有幾個人影不停地晃動。我衝上前一看，原來有人從工地盜取「工字鐵」。我立刻大喊「我是警察，不要動！」他們已經逃到黑暗中。幸好我眼明手快，捉到其中一人，把他按在地上。我一個人又要看守犯人，又要向犯人宣佈他的罪名，還要向上級報告要求支援，當時實在是手足無措，感覺有如「倒瀉籮蟹」[3]。案件呈上法庭時，我人生第一次接受法官和律師的盤問，心理上有說不出的壓力。法庭審結案件後，我第一次得到長官的嘉獎。經歷了這麼多第一次，我為我的個人檔案留下了光榮的紀錄。

---

[2] 偷懶的地方。
[3] 粵語歇後語，形容突發事件下，混亂不堪、非常棘手的情形。

半年之後，我進入了粉嶺警察訓練營，接受防暴、掃蕩、救援、野外定向等方面的訓練。警察訓練營在那個時代堪稱是警員的「煉獄」。經過半年多的訓練，我又回到灣仔警署繼續當前線警員。幾年之後，為了能有一技傍身，我就申請到警察駕駛學校學習駕駛，成為警察司機。多年的警察司機生涯裏，我先後考取大、中、小和重型車輛駕駛執照，成為警察高級駕駛員，後來還考到駕駛教練執照。

大約在1980年，我被派駐港島總區運輸組，然後又調到港島衝鋒隊。那時候我不想再擔任司機，便申請調換崗位。我對槍械射擊向來很感興趣，所以就被派到俗稱「靶場」的警察射擊場，負責港島總區警察年度射擊評估，以及香港商界持槍保安員的考核。在那個環境下，射擊成了我的愛好，閒時還會參加同好者組織，即是以警署為單位的射擊小隊。警署之間每年都會舉辦數次射擊冠軍賽，不論單人或小組賽，我每次都會參加。數年下來，我獲獎無數，這是我的興趣。

我在1983年晉升為高級警員，後來被授予警察長期服務獎章，之後在1990年獲授予警察長期服務獎章加敍第一勳扣。總括我這29年來的警察生涯，一路都很平坦，從未遇到什麼驚險或難忘的事情，六七暴動除外。對於那場暴動，身為香港警察的一員，大家都在那場災難中遭遇到痛苦，那是應該留給全香港市民討論和反省的事。

我的兒子也加入了警隊

1994年，我向警隊申請退休，還沒批准，我的長子畢志輝就於同年2月28日到警校報到，加入警隊。他現在駐守警察總部罪案偵緝科。我覺得這一切都應該歸功於我爸爸，是他把我們兩父子帶進香港警隊，一家三代都服務社會。

父母一生養育了兩男三女，合共五個孩子，作為幼子的我很得爸爸的偏愛，所以小時候聽他說很多以前的故事。記得他說得最多的就是游擊隊歷險記，警界的往事反而談得不多。他

在世的時候，一有空就把那首「油餅隊」的民謠掛在嘴邊，哼個不停。回想爸爸這一生，在家鄉打過游擊，參加過香港保衛戰，當過威海衞警察，也做過日本「憲察」，時代變遷轉換他的人生角色，實在奇妙。遺憾的是，小時候我少不更事，長大後又要為口奔波，我從未主動問他太多。不過我相信，在他內心深處，游擊隊那段經歷是他一生中最難以忘懷的記憶。

叢書文父親叢培松警服照

小艇隊的團隊精神相當好

叢書文 | 1975年入伍（叢培松兒子）

受訪日期及地點：2010年5月11日於香港嶺南大學歷史系

我在香港出生，家裏有四姊弟，包括我、姐姐、弟弟與妹妹。我出生時，祖父與細嫲[1]也在香港。威海以前是英國租借地，當時祖父曾在英國軍艦上當洗衣工，來到香港後再婚，但沒有生小孩。我的親祖母早已在鄉間去世，她是一位傳統的農村婦女。

父母對我們的品德要求很嚴格

我出生時父親叢培松已經當警察，但我對他的工作不太清楚。父親有九個兄弟姊妹。後來他的哥哥過身，他就變成長子。1967年香港暴動，父親是負責駕車的警員，隔幾天才能回家睡覺休息。每當父親回家，他都會帶着獲分發的雪糕回來，我和弟弟妹妹都十分高興。當時我們只知道有雪糕吃，卻完全不知他執行任務時有多危險。

父親只讀到小學六年級，是個內向、沉默寡言的人，家裏很多事他都不會說，例如我們姓叢的故事，都是祖父告訴我的。他是一個典型的傳統男人，只知道賺錢養家，不懂得奉承

---

[1] 即繼祖母。

別人，所以很遲才獲得晉升，最後做到沙展。當時九年免費教育政策還未實施，我讀中五時，弟弟讀中三，妹妹讀中一，每個學期的學費加起來需要200元。當時父親每月薪金加上海外僑居津貼才600多元，家裏的生活十分困難，父母也沒有多餘時間照顧我們。父親下班後偶爾會做些兼職，我也和朋友拾啤酒樽去賣，賺取微薄的零用錢。我們會用一毫幾分買一斤番薯，拿上山去燴，這樣就可以消磨一整天，很開心。

小時候父親總是打我，説我作為長子沒有教好弟弟妹妹。母親是上海人，很要面子，對我們做人處事、禮貌教養等方面管教得相當嚴格。不過，父母不太注重我們的學業成績，所以學業上我們沒有太大的壓力。中學會考放榜那天，父親問我畢業後有什麼打算。我説去行船，他沒有干涉我的選擇。

我比較喜歡海上生活

中學畢業後，我白天在貿易行做辦公室助理，晚上就到啟德機場的遠東航空學校讀夜校，最後完成18個月的航海課程。我在1972年開始行船，當了一年學徒就晉升為甲板部伙長[2]。有一次，我從菲律賓回港途中遇上風暴，幸好最後安然無恙。母親擔心我工作危險，勸我另找工作。我當時想，如果另找工作，最容易莫過於當警察。由於我比較喜歡海上生活，所以就投考水警。

1975年4月7日，我正式入學堂受訓。我們那班比較特別，30人當中水警與陸警各半，每邊15人，一同受訓。事實上所有警察的基本知識，無論水、陸都一樣。直到畢業，做水警的才轉到水警訓練學校修讀有關航海的課程，接受為期一個月的海上警務訓練，水警基本課程包括學習在船上生活、水警執法和海事法例，畢業後就被派到不同水域分區，到船上工作。

---

[2] 即駕駛員，香港航運界對船舶駕駛人員的特殊叫法。

我們投入水警工作兩個月左右，因為資歷尚淺，被派到PTU（機動部隊）受訓。之後我不想再當水警，想改為當普通警察，但在1976年末，偷渡問題十分嚴重，非法入境者主要從海上游過來，也有從澳門坐「蝦拖」[3]來港，水警需要大量人手，我又回到水警部門。我在行船期間當過電報生和甲板部伙長，所以警隊派我重回訓練學校，學習無線電操作。水警與陸警不同，每條船都配有無線電操作員，負責發佈及接收所有訊息。

　　當時水警有木船八艘、噴射船三艘、大船兩艘。一號船與二號船是當年水警輪中最大的，外觀相同。木船長70呎，沒有空調設備，速度較慢，由於當時的漁船速度也不快，我們也能夠應

---

[3]　利用拖網專事捕撈蝦類的漁船。

叢書文（左）與英國海軍一同執行任務

付。當年我們的制服是短褲，不像現在穿長褲。值班只有兩個工作更分，如果在一號船工作，便上班三天，休息三天，要在船上留宿；細船上的作息時間則是上班一天，休息兩天。

　　水警工作不太繁重。最主要的工作是防範和拘捕從內地及澳門偷渡來港的非法入境者，也拘捕從香港走私回內地的人士。其餘時間我們會抽查漁船，這些工作比較悠閒。當時的水警輪比較簡陋，晚上有空時，大家會坐在船頭喝茶聊天，別有一番享受。

叢書文（中）在執行任務，攝於1983年。

見證小艇隊成立，也在小艇隊退休 [4]

　　1979年，英國政府派海軍陸戰隊來香港協助應付非法入境問題。由於他們不諳中文，需要傳譯，就借調部分水警到昂船洲一同執行任務，我也被調派過去。經過三個月，任務相當成功。海軍陸戰隊離開香港後，水警仿照他們在香港執行任務時的工作模式，於1979年11月7日成立小艇隊，執行反偷渡任務，我是首批隊員。當時小艇隊一星期可拘捕數百至一千人，由於戰果卓越，我們獲得一個特別標有"Small Boat Unit" [5] 的布章。

　　1980年，我被調派到控制室工作，同年3月到警校參加為期三天的晉升督察選拔。其實當時我不太喜歡當警察，我喜歡無拘無束的生活，性格比較適合航海生活。沒想到我獲選為督察，這再次打破我的航海夢想。不久後我便進入警校受訓。受訓後，我發現當陸上警察的前途比水警要好，視野也更廣闊，但由於當時水警總區正急速擴展，需要極多人手，而且我已有航海執照，所以再次被派回水警崗位。

　　1982年，我被調回小艇隊做小隊隊長，這是我第二次在小艇隊工作。由於有些隊員是以前的戰友，我很快便建立起自己的團隊。當時小艇隊的船已經改良，比第一代的速度快。一年後，我又被派到PTU受訓。上一次被派去機動部隊時，我的職位是PC，但這次已是Commanding Officer。完成訓練後，我曾在陸上駐守，我亦不想回到水警崗位，1984年，他們再一次派我回去。就這樣，我便一直當水警，在水警崗位上一直做到退休。在現時警隊當中，我是唯一一個見證過小艇隊成立，也在小艇隊退休的人員。

---

[4]　「小艇隊」是香港水警的機動應急部隊，俗稱海上衝鋒隊，主要職責為打擊海上偷渡、走私活動並支援海上反恐行動。

[5]　即小艇隊的英文拼寫。

不是熱到流汗，而是曬到出油

　　當水警的首十年，我大部分時間都在大船上擔任指揮工作，需要連上三天班，只有一半時間在家。我是一個重視家庭的人，當時女兒已經出生，自己晚上又要讀書，加上大船工作時間長，較為辛苦，我便向上司要求轉任巡邏船指揮官。因為我有航海經驗，經常被派駐新船，所以很少長時間駐守同一地方。現在水警中最大的三號船，我也曾在上面工作了差不多兩年。

　　水警共有五個基地，全部設在海邊。我們通常在基地更換制服並接受上級簡要訓示後便下船出海，可能一至兩天後才回來。有時候我們要離開香港水域，協助需要幫助的人，所以有豐富的航海知識十分重要。與陸上警察不同的是，我們每天一同相處，所以同事關係較為密切。

　　小艇隊的工作很艱苦，執勤時日曬雨淋，現在很少年輕人願意加入。以前水警輪沒有空調設備，夏天在甲板工作時，身體不是熱到流汗，而是曬到出油。由於經常接觸鹹水，對皮膚不好，所以小艇隊裏沒有女隊員。而且，執勤有時需要埋伏幾個小時，船上沒有設置洗手間，所以女性不太適合這項工作。

　　起初小艇隊有兩隊，每隊二十多人，工作局限於后海灣，有需要我們才會到其他地方執行任務。雖然我們上班兩天便休假兩天，而且津貼很多，但隊員都很辛苦，所以在1990年代小艇隊便改成三個小隊。

　　1980年代正值內地來港走私和偷渡的高峰期，也是「大飛」[6]潮興起的時候。當初警隊由小艇隊應付大飛，1990年代就轉由反走私特遣隊負責，我們專責應付非法入境者和一些比較小的走私船。大家的裝備其實沒有太大的分別，不過即使裝備再齊備，海上執勤時也有難以預計的突發情況，關鍵是靠技巧和隊員的合作。

---

[6] 裝有多個馬達的大馬力快艇，海上航速很快，被不法之徒用來走私。

小艇隊的團隊精神相當好

在小艇隊工作多年，最開心的時候可說是1982、1983年，當時我以督察的職級回歸。各位同事都非常忠心、無私、互相信任，充滿團隊精神，不會將個人利益放到首位。當時上班兩天，休息兩天，雖然很疲累很辛苦，但下班後各位同事仍喜歡相約茶敘，談談如何改進工作。後來時代改變，近年大部分人只着眼自身利益，工作上較為計較，常有怨言。

沒人想發生意外，但是發生了就要負上責任，特別是牽涉到職業安全的問題。我非常小心，最重要的就是安全，有些事寧願少做，總比受傷好。但這樣一來，又未能達到自己要求，做起事來時常會感到備受牽制。當年我們在訓練及日常實戰中得到的經驗，可能比現在更安全。現今裝備雖然較以往好，但也必能確保隊員不會受傷。

跟現今的編制有點不同，以前隊員長時間駐守在同一警區，所以十分團結。如果有特別的技術，可在同一地方兼任其他工作，較少被調派到其他崗位。這樣對團隊有一種正面作用，容易建立互信關係。以前的日子很開心，隊員合作無間，互相信任，到現在我們也保持聯絡。以前的通訊沒有現在發達，但人與人之間反而更親密、更信任。

小孩無助的眼神令人心痛

1979年，非法入境案件大幅增加，當時香港政府正實施「抵壘政策」[7]，我們平均每晚拘捕200人。姬達爵士訪問我們時，早上就已經有幾名偷渡者被捕。駛回基地途中，我們又攔

---

[7] 「抵壘」是壘球用語，指球員只要能及時碰到壘，就不用出局。1974年11月，香港政府宣佈對中國內地非法入境者實施抵壘政策，內地非法入境者如果偷渡到香港後能抵達市區，就可在港居留，並獲發身份證，但如果偷渡者在邊境範圍被執法人員截獲，則會被遣返內地。該政策於1980年10月被即捕即解政策所取代，所有非法入境者一經發現就會被立刻遣返。

截一條漁船，發現船上有100名非法入境者。雖然我們只有4個人，他們都沒有反抗。自1982年開始，偷渡變得有組織，並有「蛇頭」[8]出現。

早期的偷渡者只是簡單地用布包裹着已吹漲的塑膠枕頭，組成一隻船，在黃昏或晚上划過來。有些人從鯊魚涌、大小梅沙直接游過來，也有從沙頭角涉水過來，還有的從澳門坐蝦拖來港，或用內地漁船一次載一百多人前來。以前內地環境相當差，非法入境者帶着自製的米餅、蘋果就偷渡，男士及女士只穿黑襪、內褲和一件笠衫。不少從鯊魚涌游水偷渡來港的人被鯊魚咬死，報紙是不會報道的。

他們大多是來香港賺錢謀生，或與家人團聚。追截他們的時候，看到船上小孩無助的眼神，自己也很心痛。後來出現大肚婆偷渡潮，在搖晃不定、簡陋髒亂、連安全設備也沒有的船艙裏，看見一些大腹便便的準媽媽縮成一團，心裏也很難受，畢竟大家都是中國人，無奈法不容情。有一次我帶一船偷渡客上岸登記時，其中一個少女向我高聲喊道：「這個月已經第七次給你抓到，我家裏窮，想到香港打工賺錢呀！」我只能苦笑點頭，無言以對。

第一艘越南難民船是我拘捕的

1970年，有越南人偷渡來港，記得第一艘船是我拘捕的。在1978年，我還是一名警員，一條越南船在大欖對開海面被我們攔截。從那時開始，便有大量船民來港，我們平均每天拘捕300人，先把他們集中在一起看守，然後一大早把船拖到港口。

當時政府船塢設在佐敦道。我負責搜身，發現父母很為小孩着想，把約四兩一條的圓柱狀金條縫在小孩的褲頭，像霰彈

---

[8] 操控偷渡的負責人。

槍的子彈，不過只會在男孩身上找到，女孩沒有。最初大部分難民是華僑，會説廣東話，早期大多從南越來，後來才輪到北越。他們用不同形式的交通工具來港，早期的船民較富有，後來的就比較貧困。有些窮困難民甚至用上巨型筲箕[9]偷渡，那種筲箕不會入水，中間裝有一部抽水機，用柴油推動，上面鋪上木板，可載數十人。

走私貨品日新月異

執行反走私任務時，我們會提前離開基地，途中為晚上的任務做準備，詳細説明當晚的行動細節。時間到了，隊員便會整裝出發，自行到巡邏地區集合，再由一名經驗豐富的隊員帶領前往合適的地點埋伏，與涉案船隻鬥智鬥力。

1980年代初，走私物品最多是扯布。由公社出錢，來香港購買扯布、女裝內褲、雨傘等，走私回內地販賣。後來開始走私電器，例如VCD機、電視機等。離島的居民也會走私一兩部電視機到內地賺錢，也有從香港走私香煙到內地，或從內地走私古玩來香港的案件。

到1990年代，走私客會利用暗格偷運，更會走私柴油、芥花籽油、橄欖油等。內地的芥花籽油沒有加工，不能用來炸食物。電油由內地走私來香港，因為內地電油價格較便宜。柴油則是由香港走私回內地，因為內地需求相當大，香港柴油質素較好。當時很多利用漁船走私柴油的人都發達了。現在內地的柴油價格便宜，需求已大不如前。

1990年代末，大飛專門走私車輛，船尾也特別為走私車輛而設計。當時內地很流行大皇冠、平治。偷車黨機動性強，每個地方找一輛吊臂貨車，把汽車直接吊上去，由大飛運上內

---

[9] 本指用於淘米或盛米盛飯的竹製品。此處指外型像筲箕的半圓形大籮。

地。最近十年，走私貨物漸趨高科技，如電腦、液晶電視、醫療儀器等。

想了解自己的故鄉

山東省威海衞長峰西疃是我的故鄉，但我從來沒去過，不太熟識這地方。水警裏山東人較少，多年來只遇到一兩位，但我遇到過一位同樣姓「叢」的女警，跟我駐守同一個地方。我們互相協議好，在船上她稱我「叢Sir」，放工後我叫她姑姐。

在香港，我們姓「叢」的山東人非常親密。只要聽到名字，就可以論字排輩。父親名叫叢培松，就是「培」字輩。只要輩份較高，就算年紀輕，我們都會稱他阿叔或阿爺。回想那時候，父親一聽到名字，便知道是誰。

我是個傳統的中國人，也想回威海看看，了解一下自己的故鄉。父親在警察駕校工作時，百分之九十的同事都是山東人。聽他說，那時的校長蘭頓（Langton）先生每星期五會包水餃，晚上喝啤酒。父親晚年中風要坐輪椅，威海同鄉每天會跑來陪他聊天、逛公園，那份鄉情鄉誼很感人。

追憶故人

追憶故人徐鳳翔

吳傳忠 （徐鳳翔先生同僚）1952年入伍
受訪日期及地點：**2010年12月28日於沙田第一城**

　　徐鳳翔先生出生於威海衞鳳林區徐家疃一個農民家庭，他在農村小學讀至六年級，畢業後留在家中協助父親過農耕生活。在他即將18歲的時候，當上威海衞警察的大哥徐鳳禮回家探親，徐鳳翔鼓起勇氣告訴徐鳳禮他想當威海衞警察，從此改變了他的一生。

　　我在1957年駐守山頂警署，那時候我還是個新丁，出更時需要由前輩帶領。徐先生本來是署內的「花王」，但因為有人放假，他便作替工帶領我這個新人。雖然只是與他一同工作數天，但我從他身上學到很多做人的道理。後來我有時間就會跑到花園去陪徐先生修剪花草和聊天。有一次，我們開始聊起為什麼會來香港投考警察，話匣子也由此打開。

務農維生只能望天打卦

　　徐鳳翔在家鄉本來不愁衣食，但他知道務農維生，只能望天打卦，在社會上難有出頭天。有一天，他從田裏回家吃午飯，父親跟他說大伯父的兒子徐鳳禮回家探親。他即使不回來，平時也會寄錢回家，伯父家的生活過得很穩定，村裏很多人家都很羨慕。父親跟他說：「你還差一個月就18歲，如果考到，總好過留在鄉間看守着那幾畝薄地。」徐鳳翔立即答應他父母，表示會去試一試。

徐鳳禮是英國從威海衞招募的第一批香港警察，1953年以咩喳職級退休。徐鳳翔是一很內向的大男人，因為機會難得，才鼓起勇氣向大哥請教，一見面便將想投考香港警察的意願告訴大哥。次日，大哥親自到威海打探投考香港警察的手續。隔兩天，大哥到他家裏說，考試當天會親自帶他去威海後營投考警察。在大哥的幫助下，徐鳳翔順利考上威海衞警察。

不到一個月，徐鳳翔就接到通知要到威海衞後營辦理入伍手續和留營參加初級訓練。一個多月過去，他們全班學警放假一天，回家向家人和親朋戚友道別。父母隆重其事，早就把他的行裝準備妥當。母親還說了一句鄉下的俗語：「上船的餃子，下船的麵」，一定要包一頓餃子給兒子吃，送行時一直送到村口，路上告誡他要潔身自愛，珍惜自己的機會。第二天早上，他們前往碼頭上船。隊伍一出營門，他就看見父親已經站在營外給他送行。那時候，他已控制不住自己的情緒，一邊向前走一邊流淚。船開行時，警官吹了三響警察銀笛，他們面向威海港立正敬禮，向威海衞辭行。

到香港後，他們被派到大埔警署，在一位說威海話的沙展帶領下接受訓練。在他三年的合約期內，徐鳳翔駐守過新界警區的主要警崗，最後才被調到香港交通部。在他第一份合約期滿之前，他的父母已來信寫了一張清單，要他在香港購買結婚用品，他們已委託媒人給他找了一個媳婦，等他回家成婚。船到了威海，徐鳳翔就租了一輛馬車直奔徐家疃。到了村口時，父母早已在等他。走在村的街道上，鄰居的嬸嬸和婆婆都站在門口向他打招呼和問候，場面令他十分激動。

回到家後，父母早就把結婚的事打點好，並幫他娶了一個合適的媳婦。三個月的假期，不經不覺便過了兩個多月，徐鳳翔打算讓太太留在故鄉服侍兩老，他回到香港後用三年時間安置好新家，下次放假回鄉探親時再把她接去香港。雖然兩老最初不同意他的想法，一定要媳婦跟他到香港一起生活，但經他再三解釋後，兩老終於同意了。

再娶老婆不就變成「小老婆」？

返回香港後，徐鳳翔先到香港交通部報到上班，駐守交通部一年多後，又被調去中央警署。在這時候，新聞說日本人佔領威海，他就很後悔自己做了錯的決定，非常擔心家人的安危，整天悶悶不樂。幸好家鄉有人帶信給他，說在他離開家鄉的第二年，老婆給他生了一個女兒。他聽後非常振奮，每次見到其他人，都訴說他已為人父。興奮過後，他更加惦念鄉間的父母、老婆和孩子。

更可怕的日子接踵而來，日本人從邊境向香港進攻，香港的對外交通，特別是與內地的交通全部停滯。很多有家眷的威海鄉親都打算返回家鄉避難，結果有的全家人音訊全無，不知道是流落他鄉還是在路上遇到不測。想到自己既然孤身一人，一動不如一靜，徐鳳翔就留在香港繼續當警察。

日治時期，徐鳳翔搬到大哥徐鳳禮的家中同住。在三年零八個月的日子裏，他沒有一天不掛念着家人，但沒有辦法與家人取得聯繫，令他的情緒跌到谷底，也為他自己的前景感到悲觀。後來，有位威海竹島村的人即將返回威海，這個人根本不知道徐家瞳在什麼地方。徐鳳翔還是再三懇求，希望託他帶些款項回家給老婆和父母。因政局關係，這個人不敢答應，結果他在徐鳳翔淚流滿面的情況下被打動，徐鳳翔心靈也得到些微安慰。

日本投降後不久，徐鳳翔跟大哥和十幾位威海衞同鄉立即向警務處報到，辦妥手續後就去領取制服裝備，然後分配駐守單位。他先被派到香港交通部，然後又被調到督憲府，不到一年就返回大館，再被派到山頂。

從1946年至1949年，徐鳳翔想盡辦法，不斷找人幫忙，希望聯絡他的家人，特別是老婆和女兒，但始終音訊全無。有些剛來到香港的人告訴他，因為威海已經解放，受國內的政治局勢影響，一切只得聽天由命。

1949年開始，許多警察的家眷由威海來到香港定居，只有徐鳳翔望穿秋水，等待上天的安排。從鄉間來的人口中得知，徐鳳翔的父母在幾年前相繼去世，他太太後來被分配出去，女兒也跟着她媽媽走了。聽了這番話，他的精神接近崩潰。自此以後，他的性情變得特別剛強，決定以後不會再婚，讓自己繼續負起為父的責任，每年分四季匯款接濟女兒。

雖然後來徐鳳禮大哥大嫂和很多朋友都勸他再找個老伴，但他堅持不肯，理由是他沒有跟原配離婚，而且他還有一個女兒。若然再找個老婆，那豈不是娶了一個「小老婆」嗎？從那時候開始，他的外號變了，人人都稱呼他為「小老婆」。

山頂警署的兩個鎮館之寶

同事都知道徐鳳翔先生的不幸，但只能報以同情心。之後，署長便決定讓他長期做「花王」。徐鳳翔對花卉的培植很有心得，聞說新任警務處長麥景陶先生喜歡花，他的官邸與警署相鄰，因而時常走進警署花園觀賞。每年徐鳳翔培養出新品種的花卉，都會送幾盆到處長官邸讓處長和警署同僚分享。

有一天，徐鳳翔看見每天都有那麼多公眾人士走進報案室，好奇之下便問值日官有關情況。原來在香港開埠之初，英國人在山頂區建造房屋，編號並不是那一條街什麼號數，而是以建造房屋的先後次序為號數。當時報案室裏只有唯一的山頂住宅地圖，但不是政府出版的，而是由山頂警署庶務長于景澤先生手繪的。徐鳳翔覺得報案室位於一條狹窄的走廊，另一頭是警員宿舍，警署內外的人出入全靠一條僅能容納一輛車的通道，實在很不方便。

徐鳳翔思考一段時間後，摸索到一個好的構思。他每天除了工作外，都會偷偷地蹲在花園裏，用泥沙去堆砌一個山頂區的模型。試驗滿意後，第二步便親自去觀察山頂區每座住宅的形狀，重要人物的豪宅和重要的通訊設備都特別標記清楚。完成後，模型除了供公眾查詢和欣賞外，也可幫助新來的同事更

古炮和徐鳳翔製作的山頂區模型至今猶存，攝於2010年5月。

易了解區內的環境。一切準備完善，他要求上司于景澤陪同他去見署長芬尼士（D. Furniss），將他的計劃解釋給署長。在署長的同意下，計劃又轉呈至總區警司。

一星期後，署長通知他說警司已批准他的計劃書，並命令署長提供一切協助，讓他盡早施工，警司對他特別表示感激，又讚揚他是一位有智慧的警員。第二天一大清早，徐鳳翔帶着愉快的心情，穿着警服，手提紙筆造訪山頂區每個角落。僅用了兩天時間，他就記下山頂區所有建築物的詳細地址並帶回警署。徐鳳翔對這份工作非常投入，只用了大約一個多月時間，便把山頂區模型的輪廓弄好，再利用石膏捻成每座不同形狀的豪宅，放在它們的所在位置。所有造型穩固後，再根據不同地區的植物顏色上油。為了方便前來山頂區的訪客，他製造了一塊大木牌，樹立在山頂警署的入口。到了開放日那天，中區警司史古魯（W. Segrue）先生親自主持典禮，引來香港中外各大報的新聞記者爭相採訪，翌日見報。那天是徐鳳翔先生人生

駐守山頂警署的威海衛警察夏繼星約1960年代在警署內古炮前留影。

中最光榮的一天，也是他最興奮的一天，史古魯警司在一眾記者、訪客和同僚面前公開表揚他是一位有智慧及毅力的警員。

有一天，徐鳳翔在清理位於山頂的香港電訊轉播站警崗外圍的雜草時，突然發現一門威武的古炮。他靈機一觸，心想：「如果能把古炮移到警署內，放在旗杆旁，伴着他親手建造的山頂區模型，哪豈不是更為錦上添花？」

他回到警署後就把所見所想向上司報告，他的意見很快便轉呈給署長捷克遜。署長得知後，翌日一大早就親自到現場視察，看見這龐然大物，非常喜愛，立刻返回警署開會研究搬運工程及召集人力等事項。兩日後，成功號召約20名志願者，準備好工具一起「車大炮」。大家在山上歷盡千辛萬苦，一路披荊斬棘，即使遍體鱗傷也沒有氣餒，合共花了四天才把巨炮運抵警署。

巨炮抵達警署入口時，警署內的全體人員掌聲四起，站在閘門迎接這尊久經百戰的巨炮。巨炮被安置在山頂警署前草地的旗杆右邊，旗杆左邊另有一座巨型警徽，是以前駐守山頂警署的威海衛警察合力完成的藝術品。另外，山頂警署的金魚池還有栩栩如生的「童子戲水」，是警員馬兆秀老先生於1950年的傑作。古炮、警徽、山頂區模型、童子戲水等，從此陪伴着山頂警署，也見證香港威海衛籍警務人員保護香港社會的歷史。

　　徐鳳翔先生在1970年代初自警隊退休，之後曾在香港銅鑼灣一間由威海衛人劉和靈老先生開設的豪華樓大飯店工作，現在已歸主懷。

谷煜昭父親谷源樑在新界粉嶺芬園警察駕校留影，攝於1950年代末。

你們兩老辛苦了

谷煜昭 （谷源樑兒子）

受訪日期及地點：2010年9月16日於西營盤屈地街創業中心

　　先父谷源樑，1911年6月26日於山東威海衛谷家疃出生，他在家中四個兄弟裏排行第二。據母親生前及父親的同僚友好們描述，當年祖父家是個典型的城市貧民家庭，因此父親只讀了一兩年小學，就早早地跟着長輩到威海碼頭一帶做苦力，打散工，俗稱「扛袋」。沒工作的時候，他就到貨倉外面，等人家卸完糧食，撿那些落在土中的穀粒，帶回家給我祖母。

　　過了很多年，父親慢慢變成一位身強力壯的青年漢子。1928年，父親已經在碼頭行走多年，他的品行和際遇深得「德昌」號的一位老店家的同情與憐惜。經他指點並慷慨作保，父親於同年秋天在威海投考了香港威海衛警察，警號2580，威海衛警察圈裏習慣稱他為「八十號」。

大部分早期威海衛警察都是貧苦人家

　　跟1940年代末在香港招募的威海衛警察不同，早期的威海衛警察十之八九是威海衛及其周邊地區的貧苦人家，而且大多沒有受過教育。直到1930年，威海雖然已被英國管治三十多年，民風仍然相當純樸。遠赴香港當警察，與其說他們膽識過人，不如說他們為命運所逼。父親那一期二十多人，包括後來當了咩喳的郭海粟、王吉澤、徐鳳禮等，大多是這種情況。父

親家裏其他三兄弟也追隨其後，離開家鄉外出闖蕩。除了一個弟弟去了東北大連，其餘兩個最終也輾轉落根於香港。可惜的是，當年幫助過我父親的那位老店東的姓名，他現在已經記不起來。老店東的古道熱腸，恐怕只能到歷史中去尋覓。

驚險的青山灣剿匪

在威海結束訓練後，父親坐船來到香港。最初被派到東平洲，隨後駐守過大埔警署轄屬的所有邊陲哨卡。其中工作最驚險的是在青山警署，那裏是通往內地的航運要道，更是海盜猖獗的地區，民間戲說他們都是清代汪洋大盜張保仔遺留的黨羽。父親駐守的時候，幾乎每天都要去青山灣和龍鼓灘清剿海盜。直至戰後到1940年代末，警隊仍然不時抽調威海衞警察組成掃蕩隊，到青山灣一帶緝捕海盜。任務很危險，時常有槍戰發生。

1941年，日軍進攻香港時，父親隨警隊參加香港防衞戰。警隊解散後，他與幾位同鄉同僚一起舉家逃到澳門，合租一層舊樓，靠打散工來維持生活，1946年，父親回港復職。一家人在旺角租房住，後來遷到港島堅尼地城義皇台。1952年，荷李活道已婚警察宿舍建成後，我們就搬到那裏，一直住到父親退休。

1947年，父親晉升警目後被調到九龍交通部。身為警目，他每天上班前需要召集警員提前集合，並陪同長官驗排[1]。有一次，外籍警官畢明德驗排後訓示說：「對大家的警容很滿意，並希望能夠保持下去。」接下來輪到父親講話，由於他對英文一竅不通，只好硬着頭皮地說：「長官對你們今天的警容很不滿意，下次還這樣的話，就要把你們稟上去。」畢明德以前在天津租界做過警官，結果他用半生不熟的山東話當場予以糾正。這事傳開後，一時成了警隊裏的笑話。

---

[1] 即上班前的儀容檢查。

兩次經歷成為警察駕駛訓練學校的典型教學案例

1949年11月10日，父親升為沙展。香港戰前及戰後的很多年，警車司機都是借用政府機電處加路連山車廠的非紀律人員。據説後來為提高管理與行動效率，花名「魔鬼」的莫理遜警司建議政府將警車的駕駛員全部改由警務人員自行負責，並設立獨立的駕駛訓練學校（簡稱「駕校」）培訓專職警察司機。經政府批准後，1950年父親作為校長何萊督察的助手，參與創辦警察駕駛訓練學校，成為駕校的第一代教官。

警察駕校起初設在新界芬園的舊軍營，後來搬到粉嶺警察訓練營裏。先從試辦電單車訓練班開始，然後逐步擴大到其他車輛。當時的新界冷冷清清，路上車輛很少，是個練車的好地方。美中不足的是，那裏的馬路很窄，馬路兩旁還有很多小村落。農家養的雞、鴨、牛和狗天天在馬路上跑來跑去，練習時一不小心就很容易撞上。這種事情當時也確實發生過很多次，引起農民的不滿，不是索取賠償，就是在路上追打學員。有時候撞死一隻雞，農民會按照「雞生蛋、蛋生雞」的邏輯去計算賠償金，跟學員糾纏不清。為了息事寧人，有的學員甚至要賠掉一個月的薪金。

父親經常告誡每一位學員，別的車是鐵皮包骨，電單車是骨頭包鐵，駕駛電單車時必須時刻注意前方五米的路況。有一次，父親帶着四名學員在上水馬會路練習電單車的時候，突然發現路旁有一頭牛，跑在最前面的那位學員卻依然若無其事地往前衝，結果一下子被牽牛繩勒住他的頸，自己倒在路上之餘，後面幾個人也人仰馬翻。原來在新界，繫着牛的繩很長，方便牛隻休息、活動和自行吃草，而拉着牛的繩剛好在胸口位置。那次就是因為那頭牛跑到馬路另一邊，繩子就被拉在路上，成為交通隱患。到父親發現後向他們發出警告時已經來不及，幸好沒有造成車毀人亡的嚴重後果。

父親心地善良，但卻生來性急。當年他教過的一個班裏，有位警號169的警長。一個星期過後，別人都能掌握電單車的基本駕駛要訣，他卻什麼都學不會。父親就讓他坐到電單車旁

的車廂裏，自己一邊駕車一邊給他詳細講解。PTU有條路是兜上山，有一條是斜路下來，斜路下來到操場有一條橋，父親就停在橋上向那學員解釋如何入油、轉波。父親問他是否明白，他回答不明白，令父親大怒。後來他們想泊車，車一鬆就向前衝，朝着下面的小橋直衝過去，結果父親被摔下車，169被車的安全帶扣着，掉進河裏連呼救命。這件事後來在警察訓練營和駕校裏廣傳，連同上面那件事一起被編入駕校教材，成為典型的教學案例。從此之後，要學電單車的話，必須先學會騎單車。

隨着警隊交通裝備的進步，除電單車外，父親也教過小型、中型和重型車輛，直到1966年退休。憑藉多年來的警車教練經驗，退休時政府運輸處免費批了一張永久的教練牌照給他。雖然他已退休了，但很多人仍登門請他做教練，所以他就當了私人駕駛教練，直到去世。

父親在警隊服務的那個年代，香港社會泥沙俱下、魚龍混雜。警隊更是一個大染缸，面對外界的種種誘惑和自身的生活壓力，稍有不慎就可能染上黃賭毒及索賄受賄等惡習，最終毀掉家庭以至自己的未來。慶幸山東人最懂得安分守己、知足常樂的道理，只要有一口飯吃，就會安安穩穩地工作、過日子。雖然背負着沉重的家室，父親依然清清白白地走過他的職業生涯。他先後被香港政府頒授1939–1945年星章、太平洋星章、防衞獎章、戰爭獎章，以及在1946年、1957年和1962年分別獲頒警察長期服務獎章、警察長期服務獎章加敍第一勳扣和警察長期服務獎章加敍第二勳扣，這就是我父親的一輩子。

我在懲教署的職級相當於警隊裏的咩喳

我是父母的次子，名叫谷煜昭，乳名谷吉州。我在1957年被介紹到紅磡的一間汽車修理廠做學徒，每月薪金只有10元。後來我在1963年投考懲教署，當時它還叫監獄署。在學堂訓練三個月後，我先被派到芝麻灣懲教所，之後又分別在域多利監獄、歌連臣角教導所、戒犯組及赤柱監獄工作過。我平日的工

作都是看守犯人，每天六個半小時。由於犯人外出工作時不需戴上手銬和鎖鏈，所以在1950年代，懲教員外出都會有槍傍身，後來就只配一根警棍。我們曾每天早上帶着百多名犯人到石壁水塘種樹，在旁看守的卻只有一個督察和四個同僚。幸好犯人都沒有偷走，也沒有出現過造反的情況。從前的大嶼山沒有什麼林木，後來我們帶着犯人由鳳凰山一直種到石壁水塘。政府農林部很樂意讓犯人去做這種事，因為不用花錢。就這樣，我從最初的散仔[2]開始，經過數十年的磨練，最終升至高級懲教主任，相當於警隊裏的咩喳，到55歲那年退休。

---

[2] 職級最低的初級懲教人員的俗稱。

谷源樑的警察體育會會員證

你們兩老辛苦了

父親做完第一份三年合約回鄉探親時，與媽媽戚美玉在谷家疃完婚，媽媽之後就隨父親來到香港。由於工作繁重、生活單調，而且置身於一個文化背景、風俗習慣和語言環境完全不同的陌生世界裏，為了消愁解悶，父親在工餘時間經常都會帶朋友來家裏打麻雀，母親就負責燒水泡茶、煮飯做菜，很熱情地招待他們。晚上還會邊洗衣服，邊照顧孩子。

在我們兄妹心裏，媽媽非常偉大。她和父親養育了七兒一女共八個孩子，其中還有一對雙胞胎。父親在1960年代退休時，月薪加上海外僑居津貼也不過六百多元。就靠他微薄的薪水，媽媽主持着一個大家庭的吃穿，還要擠點錢供我們兄妹讀書，實在太艱難了。

當年父母親懷着對美好生活的期盼來到香港，結果一生操勞、清貧過活。父親退休後還要打工養家，含辛茹苦把我們養育成人。到我們各自長大獨立，他們卻相繼離我們而去，都沒享受過清福。

我們兄妹都在荷李活道警察子弟小學上學，都知道家裏的處境，所以畢業後都各尋出路、各奔前程。雖然我們沒有顯赫的成就，但可以告慰祖上的是，我們兄妹間的感情很好。藉此也向天堂裏的父母輕輕說一聲：「爸、媽，為我們八兄妹，你們兩老辛苦了。」

魯警與我

何明新 1977年入伍
受訪日期及地點：2015年12月22日於香港灣仔

　　我祖籍廣東開平，父親是抗日軍人，戰後來到香港，1959年在香港誕下我。我在香港接受教育，完成中學後，因未有能力攻讀大學，只好於1976年考入當時香港殖民地政府的皇家香港警察，做最低級的警員。在考試最後階段，接見我的是盧鴻信總督察，我後來才知道他是威海衞警察。

　　那時香港經濟剛起步，廉政公署成立不久，正用重拳和「寧枉勿縱」的手法大力打擊貪污，警隊是主要的打擊對象。那個年代的香港，做任何事都要賄賂相關人士，他們才可提供「方便」，把事情迅速辦妥，否則就很多麻煩。安裝電話如是，連在醫院生孩子也要行賄護士。雖然貪污是一種社會風氣，但因為警隊目標最大，當時各方各面以葉錫恩議員為首，都認為只有打擊警隊貪污，香港才可繼續向前走。加上當時廉政公署負責行動的主管曾服務於警隊，很清楚警隊運作，手到拿來，把警隊的老虎蒼蠅一起打，但其他的就只有收到投訴才考慮處理。結果在1977年10月引發警察與廉政公署衝突，香港史稱「警廉衝突」。後來香港總督宣佈特赦，前事不計，整件事才告一段落。

能紆尊降貴的總督察非常罕見

　　警隊和警務工作在這背景下重回正軌及高速發展，我就在這種情況下加入警隊。1977年，在警察訓練學校畢業後，我被調派到當時香港最繁忙和複雜的灣仔警區。後來因為我能說英文和個子較高大，被調到灣仔警區轄下高尚和較多富裕人家居住的跑馬地分區工作。

　　在跑馬地分區駐守了一年左右，跑馬地警署調來一位新署長，他是山東威海人戚其昭總督察，也是我接觸到的第二位威海衞警察。聽很多同事說，山東警員比較粗獷和高大，但戚先生不是。他很斯文淡定，個子不高，是一位讀書人，一改我過往聽聞的印象。

　　那時他四十多歲，喜歡書畫、小盆栽，說話帶山東口音，中英文非常好，彬彬有禮，做事公正嚴明，講道理和法律。因為我在報案室工作，時常有機會與他接觸，遇到難題亦會向他

何明新（左）與香港威海衞警察戚其昭總督察。

求教。每次他都很細心分析事情，教我們如何找出一個可行，而又盡可能獲各方接納的解決方案。

他對我們年輕人非常好，又鼓勵我們要上進。他常常說他也是從警員開始慢慢晉升至總督察。在殖民地時代的華人，尤其是入職時是警員，能晉升至總督察的很少。在他的鼓勵和幫助下，很多和我一樣的警員都不斷讀書和向上，很多都能晉升至督察或警司職級。另一方面，殖民地時代的階級觀念是非常重的，總督察能紆尊降貴和一班警員交流也非常罕見。

在他的領導下，我用四年多的時間就晉升為警長。直至今天，仍未有人能打破這項紀錄。我獲晉升後不久，便被調往其他警區，之後一直未有機會與他共事。最後一次見到他是在2008年，我當時以警司的職級擔任沙田分區指揮官。他住在沙田，我遇見他和太太在源禾路年宵市場逛花市，我們都十分高興在這場合碰面。那時他身體看來有點虛弱，我們互相問候，但因為我要繼續工作，只寒喧了數分鐘而已。很可惜，這是最後一次見到他，幾年後他就去世了。

真有山東漢子氣概

在跑馬地警署，我認識了另一位威海衞警察，他是編號2781、人稱「小育」的威海衞警長陳學育，當時負責庶務工作。他很喜歡打麻雀和賭博，很多時候，他下班後仍會留在辦公室和同事玩紙牌或打麻雀，更間中走到警署附近桂芳街香港賽馬會職員俱樂部打麻雀直至深夜。

有一天他告訴我，因為受太太感動，他已不再賭博。他說以往很多時候都賭博至深夜才回家，太太只是默默在家等候，不但不責怪他，更煮宵夜給他吃。有一天他突然醒覺自己不對。從那時起，他一下班便回家，更戒掉賭癮，說得出做得到，真有山東漢子氣概！

那時正是內地改革開放初期，他帶同太太千里迢迢返回家鄉威海，與闊別數十年的家人見面。他講述這段旅程時，眼淚都滴在地上。回鄉的路途顛簸，真的是後會無期，使聽者都淚流披面。那時候人人都不知道祖國的改革開放會是怎樣走，結果會如何，殖民地政府亦不想香港警員與內地有太多接觸，因此規定前往國內需要申請和填報理由，批准次數相信亦有限制，同事一般都不敢提出太多申請，擔心影響工作崗位。小育已去世多年，但是他帶重山東口音的聲線和粗豪的動作，仍深深留在我腦海中。

良師益友

另一位我認識的威海衞警察就是吳傳忠老師。我實際上沒有和他一起工作過，最初接觸他是在1978年，我參與創建香港警察隊員佐級協會，我是灣仔區代表，而他是香港島總區的主席，我當港島分會的秘書。他說話有很重的山東口音，但語速較慢，所以聽起來比較清晰和容易。那時仍是「朝中有人好辦事」的年代，他認識很多高級警務人員，尤其是英國籍的人，所以辦起事來比較方便。

協會在他領導下，事事都井井有條，很多建議都對協會的發展起了關鍵作用，他後來亦當了協會主席，為員佐級人員爭取很多福利和提高了警察在社會的地位。他安守本分，擇善固執，不願意晉升為督察級，儘管他無論能力和才幹皆可勝任。他是警署警長之典範，受到愛戴和尊敬。

從他身上，我學到了很多奇謀妙策。做事的堅定，人脈關係的重要，在緊急關頭如何臨危不亂、處變不驚。至今，他仍協助我解決很多香港警察歷史難題，所以他不但是我的啟蒙老師，更是我的良師益友。

我還認識一位山東籍警員，就是苗延建先生，他在加拿大多倫多當警察，表現非常好，成為加國很著名的華人警員。我在1990年代為香港警隊設計一些香港警察紀念信封而認識他，

紀念封上的相片很湊巧地用了一張有他爸爸苗華增先生的相片。苗華增先生曾服務香港警隊，1970年代移居加拿大。他看到爸爸的相片便與我聯絡，自此我們便成為好朋友，他每次到港都和我聯絡及參加香港警隊的活動，而我亦到過加拿大探訪他和他所屬的多倫多警隊。我們現在都從警隊退休，大家都有自己不同的退休生活，我們的相識經歷真的很有趣，我亦很高興認識這位遠在地球另一方的威海衞同袍。

我第一位認識的威海衞警察是盧鴻信先生。在1980年代中期，他以警司的職級擔任北角分區指揮官，而我是他分區下的一位督察。直至今天，我仍向他學習，他是香港警務處退役同僚協會一位資深和有見地的會員和前執行委員，他的意見受到執行委員會高度重視。

在38年警務生涯中，我由警員晉升至署理總警司，我和很多威海衞警察共事過，很多是我的上司，亦有很多曾是我的下屬。從他們身上，我學會了很多他們獨有的特質和能力，他們的率直、敢言、忠誠和不屈不撓精神是香港警隊重要的非物質文化遺產。

雖然今天已沒有山東威海警員和本地招募警員的分別，但是他們的特質、做事作風和忠心耿耿的態度，已融入香港警察之中，成為香港警隊成功和和團結的特質之一。香港警隊能夠成為世界上最先進、有效率和受歡迎的警隊之一，威海籍警員絕對是功不可沒的。

警隊改掉了爸爸的少爺脾氣

邵粵辰（邵恆馨女兒）

受訪日期及地點：2010年9月12日於沙田美林邨

我們家原籍山東省威海市海埠村，祖孫三代都與香港警察結緣。祖父邵學圃是1920年代就入職的第一批香港威海衞警察，爸爸邵恆馨在戰前也做了威海衞警察，最後升到咩喳。我和二姐邵粵嫦加入警隊後，一起於運輸部通訊組服務。

祖父是第一批威海衞警察

祖父從海埠村步行到威海衞一處名叫後營的地方投考警察。考試的方法很簡單，只是問一條普通問題，過了第一關後便去一間房間脫下身上所有的衣服，由一位醫官叫他做蹲下站起等動作，然後再看看眼睛便通過考試，隨後主考官就告訴他回家等待消息。大約過了一個月，他便接到通知在某時某刻要帶着日用品到後營報到。日子到了，他到後營辦些手續，等待了大約兩三天，他便乘坐「大火船」來香港。

大家既高興又緊張，每人都像一個大鄉里一樣，三五成群地一起閒談，例如「乘坐大火船」是什麼滋味，又有的人問香港到底是個什麼地方，還有人問是在東方還是在西方，也有人在發悶將要遠離家鄉。大家上了船後摸這裏摸那裏，對船上的東西都感到很新奇。當船開出威海港口，就漸漸失去了威海的蹤影，大家深深喘一口氣後，就將自己的命運交託給上天。

祖父他們經過二十多天的航程，途中經過一個又一個港口，最後到達香港太古碼頭。祖父於1923年來到香港，被接去大埔警署，駐守新界的邊陲地區。

　　後來祖父趁放假回鄉的機會，把我祖母和爸爸邵恆馨接到香港定居。爸爸在香港接受教育，曾在香港名校英皇書院讀書。畢業後，祖父就託朋友幫他在太古洋行找工作。但是我爸爸生來不習慣受人管束，加上年輕好勝，經常與同事和上司頂嘴，有一次被上司斥責幾句後，一氣之下就辭職。他無所事事在家裏遊手好閒，連他自己都感到悶極，祖父只好又拜託人給他在渣甸洋行另外找工作。爸爸剛剛上班的時候，可能因為環境新鮮，三個月的試用期工作表現非常出色。可是時間一長，他的少爺脾氣又舊病復發。這一次不僅與同事不和，連上司的指示也不願接受，特別是跟英國上司頂撞，他自己也意興闌珊，知道繼續工作也不會有升遷的機會，最後沒有跟父母商量又自己請辭了。

　　他辭工後沒過幾天，就在巴士上賣票和拉車門。太古和渣甸都是有名的老牌跨國洋行，工作體面，發展機會也多，他卻跑去找一份遭人白眼的工作。結果新的工作開始沒過幾天，因為車廂又擠迫又悶熱，爸爸就吃不消請辭了，他忍受不住，只好又一次回家。

警隊改掉了爸爸的少爺脾氣

　　當年爸爸少不更事，讓祖父和祖母傷透腦筋，怕他在家裏遊手好閒，又怕他學壞。畢竟父母不能幫他一輩子，兩位老人家想來想去，最後覺得最好還是把他送到警隊，因為那是一個紀律至上的地方。經過祖父和祖母的苦心規勸，爸爸最終答應去試一試。隔天，祖父就回到警署要求長官推薦他的兒子入警校，考試當天祖父還直接把他送到考場，結果他只去了一次就考到。辦妥一切入學手續後，爸爸就在家裏鍛練身體，準備入警察學堂。

過了一個月，爸爸終於收到入學通知，告訴他攜帶個人日用品向校務處報到。那天早上，他和同期同班的一夥人都齊集在校務處門外，等待校長和其他工作人員上班。一位威海衛人沙展為他們點名，再逐一進入校長辦公室宣誓效忠英女皇，在誓詞上簽名後，爸爸便成為香港警員，接着獲發個人的警察編號。接下來在警察學堂受訓時，課程包括法律、程序、槍械等，爸爸每科考試成績和整體表現都很出色。那個年代警隊裏能熟練掌握英文、粵語和山東話的鳳毛麟角，爸爸在香港接受教育，不論英文或廣東話都比其他人好，所以過了畢業典禮後，校長就命令爸爸留在警校，幫助教官作訓練工作。他留校不到三個月，校長就把他升為「兩劃」（警目）。升職後，他就要自己到操場教步操和槍械等。

　　爸爸在假期回鄉度假時，在鄉間和我媽媽結婚，返回香港時把媽媽帶到香港。媽媽在來香港的航程中，一直問為什麼不需要花錢買船票。直至回到香港後，爸爸才告訴她，說她的船費是由警察部付的。來到香港後，因為生活和天氣都不習慣，

1956年1月舉行的香港警察長期服務獎章頒授典禮，是次獲獎者半數為威海衛警察。

言語又不通，所以他們暫時跟祖父和祖母一起住。媽媽來港第二年，就生下我的大姐邵粵娥。

爸爸一直堅守崗位

1938年，抗戰戰火蔓延至粵港邊界。聽說日軍由廣州向香港逼近，香港人心慌張，車票船票都賣光了，很多遠洋船停航，有些威海衛警察和鄉里便想及早逃回故鄉，祖父和祖母也開始擔心。在日軍進攻香港之前，我們一家人商議由祖父向警隊請假，帶着奶奶和我們母女四人回故鄉避難。爸爸年紀尚輕，由他留在香港繼續當警察和看守家門，萬一有什麼災難，他孤身一人也較容易躲避。

那時候，我們三姊妹年紀輕，沒有人記得祖父是怎樣把家人帶回威海。回到家鄉後，我們一家三代人住在一起，家裏的日常生活由祖父一力承擔。祖父耕作祖先留下來的十多畝地，收成不足時就從香港帶回去的積蓄拿一點出來。在日本投降前，家裏的生活還算平穩。日治期間香港與國內音訊不通，大家都很擔心爸爸在香港的安全。

香港保衛戰打響後，爸爸留在崗位一直工作，堅持到香港投降的最後一刻。直到晚年，他還清楚記得警隊最終解散的地點是德輔大廈的地窖，也就是現在德輔道中和畢打街的置地廣場那裏。日佔時期，被解散的警察有的冒險返回故鄉，有的逃到澳門，我爸爸則一直留在香港看家。

和平之後，爸爸一邊忙着去警隊復職，一邊忙着給外出避難的同僚寫信，叫他們盡早回港報到。辦妥復職手續不久，爸爸就被安排到大館，和廣東籍警目陳楚才等人參與重組警察訓練學校。在隨後幾年裏，警校校址幾經變動，最後定址於黃竹坑，現在它已經升格為香港警察學院。當年警校與警署的工作性質不同，升遷機會有限。爸爸算是比較幸運的，警校搬到黃竹坑不久後就獲升為沙展，之後被調回「環頭」工作。

內戰把一家人分開了

日本投降後，威海衞也被解放。村裏的人歡天喜地迎接八路軍接收威海，整天忙着敲鑼打鼓、耍秧歌，好不熱鬧！但是農家們整天沉迷着熱鬧，疏於農作，令到當年歉收。祖父在解放後第二年接到爸爸的家書，信裏催促祖父和全家人盡速辦理手續回香港。結果等了幾年，村政府才於1949年批准媽媽帶着二姐和我回香港。祖父為人堅定，叫媽媽不要失望和難過，先帶我們來香港，他會繼續去辦手續。當時祖父如果能及時返回香港到警隊報到，就可以每月領取長俸，但礙於環境不允許，那就沒有辦法了。

回到香港後，我們住進西營盤七號警署旁邊的警察宿舍。房子位於皇后大道西與薄扶林道之間，日治時期被當作監獄，當時那裏的住戶大多是威海衞警察的家眷。兩年後，我們搬到荷李活道已婚警察宿舍，這座宿舍很現代化，不僅建築堅固，環境也很舒適，衞生配備也很全面。該宿舍歸中區警署管理，所以每到長官例行檢查衞生的時候，家家戶戶都忙個不停。剛搬進去不久，我大姐邵粵娥突然從威海故鄉回到香港。雖然祖父和祖母不可以回來，但我們為大姐感到高興。

兩年後，為方便爸爸上班，我們又遷到廣東道警察宿舍。從那時候開始，爸爸的健康每況愈下，經常都要出入醫院，1955年早早就離開人世。爸爸生前向政府在九龍蝴蝶谷申請一塊地皮，興建一座房屋打算退休後居住。他去世後，我們全家就搬到那裏。從此，我們三姐妹就負起贍養媽媽的責任。

現在，我們姐妹三人都已經退休多年，二姐全家移居澳洲。我先生在香港經商，我們曾一起隨香港貿易發展局組織的商貿訪問團去過濟南、青島、煙台、威海等地，參觀遊覽和洽談貿易。威海是一個美麗的城市，四季如春。特別令我感動的是，在威海的時候，有關部門熱誠地幫我找到海埠村的近親和邵氏族人與我團聚，我也因利乘便設宴款待他們。席間他們給我詳細地介紹家鄉的近況，那次聚會給我留下非常美好而難忘的記憶，希望不久的將來，我可以再回到故鄉威海尋回我的童年。

記憶原來只有這麼多

陳玉華 （連佩麟妻子）

受訪日期及地點：2010年8月30日於香港羅便臣道寓所

　　連佩麟於1908年12月16日在山西省汾西縣一個貧窮的農村農民家庭出生，有一位大哥名叫連佩儀。因為家鄉長年有災害，生活困苦，家裏又缺乏勞動力，他接受過小學教育後就被迫早早輟學，在家裏跟父親一起到田裏做農活。

從山西跑到威海衞投考香港警察

　　1930年，鄉間的生活實在維持不下去，父親便叫他離開家鄉，隻身由山西省走到山東威海衞投靠堂哥連佩璽。連佩璽當時在國民政府設在溫泉湯的第三警察分局做局長，佩麟剛到威海時，暫留在局裏當跑腿。

　　那時候香港政府到威海招募警察，很多人從此過上比較富裕的生活。佩麟本來打算到澳洲當華工，但碰巧威海北大營招募警察，他亦有意到香港當警察。連佩璽人脈比較廣闊，便託朋友親自帶他到北大營投考警察。

　　到考場一看，當時已經有很多人排隊等待報名考試，朋友直接把他送進一間大房裏，那裏已經坐着一位中國人和一位英國人。首先由中國人簡單地問他來自附近哪條村，又要他介紹自己家庭的日常生活和環境，並伸出雙手作檢查；然後就讓他到另一間房接受身體檢查，檢查完就回家等消息。回到家後，

堂哥便說他考得很好，收拾心情準備好去香港吧。佩麟心裏很奇怪，為什麼大哥這麼快就知道？

一個星期後，他收到通知要到北大營的香港警察招募處報到，即日辦理入營手續。入營當天，堂哥租了一輛馬車在家門等佩麟，他把所有的行李搬上車後，就跟堂哥和嫂嫂道別。堂哥於是跟他說些祝福和鼓勵的話，就派人陪同他到北大營。把行李搬進營門後，他便到操場跟警官報到，然後等候分配營房。

大家安頓好後，警官開始訓令有關課室、操場和營房的規矩和紀律等。中午，大家被帶到餐廳用餐，警官又訓示大家有關用餐的規矩和紀律。下午2時，大家就跑到操場集合，等候高官主持宣誓成為香港警察及效忠英女皇。他們分為幾組人，分批進入監誓官辦公室內宣誓。當天晚上，大家進入餐廳吃一頓很有英式排場的晚宴，氣氛非常熱鬧。

之後，他們正式開始受訓。每天早上6時起牀，6時半跑步，7時正吃早餐，8時半集合準備上課，全由班長負責。如果上課就將全班帶到課室去，如果步操就帶到操場交給教官，嚴格要求每位學員在室外行走時必須挺胸收腹，以操練的步伐行走。超過二人以上時，走在最後那位負責喊「左、右、左」。若在途中遇見長官時，全隊人都要向長官行禮。一個多月後，教官向大家宣佈放假一天，讓大家回家向親朋好友話別，後天一大早就要登船到香港。

第二天早上，佩麟梳洗完就草草吃了早餐，再奔回堂哥家報告消息。堂哥叮囑他切記要珍惜自己的前途，敬業樂業，這個機會對故鄉孩子來說是來之不易。佩麟感動地說聲再見，承諾三年後放假一定會回來探望哥嫂們，然後就返回北大營。

登船當天天色很好，由高官致歡送辭，又訓示大家在航程中注意紀律和保管自己的證件等，然後就一起向着艾德華碼頭前進。在船起航時，教官命令大家一起到甲板上集合，立正向家鄉告別。直至船離開威海水域時，大家一起向威海衞致敬。

實際上的籍貫是山西

船在開往香港的航程中曾經過許多港口，有青島、上海、福建和廣州，聽説還曾到過大連。不管怎麼説，一路上太熱鬧，大家都記不清到過哪些港口。經過大半個月時間，大家終於抵達香港。正當大家沉迷着觀看繁忙的維多利亞港各類型的船隻時，船已經靠近碼頭，一位警官和一輛警車正在等候他們。教官點完名後，他們就登上警車，被直接派往大埔警署，接受短暫的訓練。訓練內容是香港的法律、一般程序、警務工作等。

兩個月的訓練後，佩麟被調到元朗坳頭，其後又駐守過屏山、屯門青山等很多地方。一年後，他又被調到中央警署「行咇」（巡邏）。1935年，佩麟被一位沙展通知，説長官要召見他。他還以為自己犯了什麼錯誤，心一直在碰碰跳。原來長官得知他本來的籍貫是山西，而且通曉當地方言，警務處長決定調他到歐洲做翻譯，問他是否願意。他心想難得有機會去外國，於是便立刻答覆願意。

到集合出發的那天，佩麟發現和他同行的還有其他來自不同省分的人。至於為什麼要派他們去歐洲，去哪些地方，做些什麼工作，以前他從未跟我説過，現在更是無從知曉。他在歐洲做了兩年就回到香港，被調派駐守港島交通部。

1939年，我認識了佩麟。當時威海已經淪陷，堂哥連佩璽奉命來港設立辦事處採辦軍火，並計劃不久之後去重慶。佩麟認為如果能在堂哥去重慶前請他做主婚人，是一件很有意義的事情。同年年底我就與佩麟成婚，堂哥是主婚人，證婚人是姜仁毓先生，他是威海衞警察裏第一個做到督察的人，也是當時威海衞警察裏最大的長官。1940年，我們就有了一個女兒連曼莉，她後來嫁給唐仁成，威海衞萬家疃人，曾做過警察駕駛學校的教官。

在重慶度過抗戰歲月

抗日戰爭的戰情愈來愈緊張，日本人奪取廣州後，香港也不是一個可以久留的地方，堂哥在1940年和威海衞駐香港管理公署的人員撤回重慶。1941年，日本人進攻香港。當時佩麟在香港交通部上班，一直在外跟隨警隊行動，直至有一刻突然跑回家，說警隊解散，日本人已經佔領香港。

從那時候開始，香港人經歷了三年零八個月的苦難歲月。起初為了清除抵抗力量，日本人天天都清查戶口，不管天寒地凍、雨打風吹，不分男男女女、老弱病殘，全被他們趕到街上，然後進入每家每戶隨意搜掠。若有人走慢一步，就會被腳踢或用槍桿打，不幸的甚至家破人亡。後來，他們又開始大規模驅逐華人離港，命喪途中的多不勝數。留下來的也是過着提心吊膽、朝不保夕的黑暗生活。記憶中，曾有幾位威海衞警察舉家回鄉，至今失去聯絡，生死未卜。結果，佩麟就帶着我和孩子逃往重慶，再次投靠堂哥連佩璽。當時重慶也是兵荒馬亂，難民無數，工作難找。堂哥替佩麟在軍隊後勤部門找了份工作，才勉強度過那段艱苦的歲月。

就在那個時候，我們的兒子連洪義很不合時宜地來到了人世。那時候適逢缺糧，兒子骨瘦如柴，使我們夫婦心急如焚。戰後剛回到香港，他就突發高燒，抽搐不已。佩麟涕淚縱橫地抱起孩子就往醫院跑，經過一番檢查後，醫生說是餓壞了！

在重慶的時候，佩麟還有份政府工。雖然薪金微薄，但多少也能糊口，而且還有個當官的堂哥照應。我們的景況尚且如此，那些無依無靠的普通人家，生活又會如何呢？

1945年，日本投降，深得重慶庇佑的人們很快就各散東西了，我們一家也回到香港。離開重慶時，堂哥的長女隨我們一道來港生活。長大後她在尖沙咀的一家西餐廳工作，並嫁給經理邵先生，他是威海海埠村的人，弟弟是我女婿唐仁成在警校的同班同學邵金福。婚後過了幾年，他們就移民美國。堂哥連

佩璽後來全家去了台灣，長子也去了美國定居。堂哥在20年前病逝台灣，我們兩家的通訊從此也就斷了。

在奧卑利街警察臨時宿舍那段日子

1945年，香港滿目瘡痍、百廢待興，戰時返回內地的人湧回香港，市面上百物奇缺、房屋供應緊張，來自內地的難民都住在街上。佩麟正苦惱沒地方落腳，幸好夏春璞沙展及時伸出援手，把我們接到他位於羅便臣道與西摩道交界處的家中暫住。夏先生歷來古道熱腸，在動亂年月裏，他的家幾乎就是落難鄉親的避難所，有時還幫忙找工作。

安頓妥當後，佩麟立即到警隊報到，一星期後重回港島交通部上班。那時候正值警隊重建初期，樣樣都缺，甚至有些警察制服和裝備都要自己掏錢購置。佩麟復職不久，我們先是被安排到位於堅道俗稱「紅磚屋」的戰前警官宿舍，一年多後又搬到奧卑利街的警察臨時宿舍。當時那裏住了幾十戶威海衛警

威海衛警察歡送張錫玉榮休留念，第二排左一為連佩麟，攝於1965年5月29日。

察，房間按每家人口的多寡分配，最多不超過三間。所謂的宿舍，其實就是域多利監獄以前關押犯人的牢房。每間屋都沒有門，全是用布簾或木板遮擋，廚房、廁所、洗衣房、洗澡間、水龍頭等也都是公用的，所以婦女們之間難免會有些衝突，有時候還會鬧到警署去。後來大家就很自覺地自備煮飯用的火油爐，以及小孩子便溺用的痰罐或尿壺，用的時候拿出來，不用的時候全放到牀下底，宿舍才恢復安靜與和諧。

那個宿舍歸中央警署管轄，因此我們當時的家居生活都受到警隊的管束。每隔一段時間，警司就會前來查房，家家戶戶都忙個不停。屋裏屋外的水泥地必須用漂白水和大刷子擦白，凡有銅材料的地方都要擦到照鏡一樣，窗戶的玻璃要抹得一塵不染。有一次查房時，正好碰上香港大旱，限制用水，每家都把裝滿清水的水桶整齊地擺放到公共廚房裏，結果被陪同警司查房的一位沙展全部倒掉，大家當天無法開灶。

由於人手短缺，那時候的警察幾乎全天候當班，每天先上崗四小時，休息四小時後再接着上崗，當中還要做後備，或者去聽例[1]。雖然每周都有一天休假，但如果碰上駐守的地方離家遠，或者第二天要上早班，晚上還不能在家過夜。所以佩麟跟我和孩子聚少離多，連吃頓團圓飯的機會都不多。警察的薪金也是強差人意，1949年7月8日，佩麟因抓捕一名鴉片販而獲得50元獎金時，全家人興奮得不得了。

記憶原來只有這麼多

1957年，軍器廠街警察宿舍建成後，我們是第一批搬過去的，一直住到1967年。當時我們用香港政府撥給佩麟的一萬多元安家費，在九龍觀塘買了一棟房子。兒女們成家立業後，又

---

[1] 警隊規定警務人員需要間中上課，以了解政府新修或更改的法例，以及警局的守則轉變等。

把房子賣掉，用賺到的錢在港島半山區羅便臣道買下了現在的房子。搬過來兩三年後，佩麟就因病去世了。

回想佩麟這一生，他非常重視他的警察事業，是一個敬業的人，生前是香港警隊的高級警員。從警幾十年，記入個人檔案裏的褒獎不下二十多次。1958年，他獲頒警察長期服務獎章加敘第一勳扣，1962年又被追授警察長期服務獎章加敘第二勳扣。對家庭，他是一個好丈夫、好父親。退休後，佩麟曾帶我回過山西省的故鄉探望哥哥連佩儀。佩麟在1930年代離開家鄉，覺得家鄉在建設上比幾十年前進步了，這也是世界的大勢所趨，希望將來愈來愈好。

祖父還是選擇了辭職回鄉

楊機臣 （楊錫珠孫）

受訪日期及地點：2012年1月29日於威海合慶飯店

　　我祖父名叫楊錫珠，光緒二十七年（1901年）農曆10月25日出生於威海衞劉公島對岸的楊灘里（1911年更名為楊家灘），家裏兄弟有四人。聽父親說，當年老太爺種地的同時有做一點小生意，但在清末社會動盪之際很難為四個兒子置辦家業，於是就跑到北京為大戶人家挑水。一連挑了十幾年，存了點錢，終於為四個兒子置下幾十畝地。

牆上掛着他在香港當警察的老照片

　　從我有記憶開始，我和兄弟數人就跟祖父睡在同一個炕頭。祖父是個普通農村人，一副農民模樣：一雙善良的眼睛，一撮山羊鬍子，一年四季身穿中式衫褲。然而在祖父屋裏，發黃的土牆上卻掛着一幅他在香港當警察時的老照片，西裝革履、風度翩翩，與眼前的祖父判若兩人。

　　祖父性格溫和，善解人意，對新事物很有興趣，卻對農活不上心。他喜歡熱鬧，愛聽書看戲，結了婚也捆不住他的心，所以婚後很長時間都沒有孩子。家裏的兄弟成家後，兄弟們各有個性，數家人擠在一起過日子很艱難，故此在1920年代初，英國人來威海招香港警察時，由於條件很優厚，祖父便想去香港闖一闖。

我祖父到底是哪一年來香港，誰也說不清楚。但從我伯父和父親出生的年份可以推算出來。祖父在1920年結婚，來香港前沒有孩子。伯父在1928年出生，父親1930年出生，也就是說祖父最遲曾在1927年回家。減去三年威海衛警察的合約期，祖父應該是1923年或1924年到香港。

　　當年香港海員大罷工之後，英國人對本地警察和印度警察抱有懷疑，開始從華北地區的英國租借地威海衛招募警察，祖父是在這時候跑到香港當警察的。早期的威海衛警察都被送到新界駐守，譬如青山、坳頭、落馬洲和坪洲。我小時聽祖父講他的香港故事，從未聽過這些名字，聽到頻率最高的反而是九龍、油麻地、尖沙咀、灣仔、銅鑼灣、跑馬地等。

　　當年九龍一帶屬於新開發而且又比較繁華的地區，油麻地避風塘是全港最大的避風塘。在省港大罷工之後經濟蕭條的時期，這裏社會秩序很混亂，偷竊、搶劫、聚眾毆鬥等情況很嚴重。這裏的警力必須加強，祖父就在這個時候走進這一帶從

第一批香港威海衛警察接受檢閱，1923年攝於威海大操場。

警。關於這段往事，他講得有聲有色，驚心動魄，時常都在晚上行動，抓捕那些違法亂紀的人，而且每每都有斬獲。不過他最不理解的是，人抓回去沒幾天就全放了，使祖父十分生氣。十幾年前我第一次前往香港時，到了這些地方轉了個圈，希望尋找祖父當年的足跡。

提早退役返回家鄉

氣候、飲食及語言是威海人到香港必過的三關。祖父是個豁達隨和、不計較卻又相當精明的人。面對生活的不習慣，有些人會滿口牢騷，祖父這個時候就會自掏腰包，帶大家借酒消愁。有些人不習慣香港的食物，他就半開玩笑、半勸解地開解他們：「忍着點，海蜇過河隨大流，人家能吃咱就能吃，愛吃多吃不愛吃少吃。」這句話我非常熟悉。小時候家貧，飯菜不好，我和兄弟們跟母親投訴時，祖父常說這句話。後來走到社會，每當生活不如意，我都以此來規勸自己。

現在回想，祖父這種生活理念是在香港形成的，而且多少帶有一種忍讓和團隊的意識。在公事上和私底下，他總是禮讓別人，與同僚之間講的是義氣。他為人雖然隨和，但做事卻絕不馬虎，所以大家都喜歡跟他一起執勤和辦事。

在香港，祖父的嗜好就只有喝酒和交朋友。一到星期日，或每逢節日放假，幾個兄弟就湊在一起喝兩杯。誰若有事，大家互相幫忙。祖父常常說，他有個為人老實的兄弟，因為生得個子小，常被一個牛高馬大的警察欺負，每次都是祖父給他撐腰。有一次他們幾個在一起喝酒，那個人又來挑釁這個小警察，祖父一下子衝上去把那個人打倒，再來一頓拳打腳踢。那警察沒想到祖父出手這麼狠，當場就退縮了。從此，這人見到小警察就變得老老實實，大家對祖父也敬重三分。

祖父的職責是在鬧市上維持秩序。當時不論菜檔還是海鮮檔，都是清一色用擔挑提着兩個籃子。每天天還未亮的時候，小販就提着擔挑從四方八面湧來，那些籃子、擔挑隨處亂放，

擠起上來時容易絆倒人，又容易丟失，有時候還因此引起衝突。後來，就規定了擔挑一律要橫架在籃子兩邊，並用繩子繫上，違反的要罰款，重犯者會被取締。有的警察心術不正，小販給點好處就會放大家一馬。輪到祖父執勤時，遇到這種情況，他就無聲無息地拾起擔挑並放好它。開始時小販們硬是要塞錢給他，他堅決不要，小販們背後還是說：「這小子可能更壞，小錢不要，可能想要大的。」但時間久了，大家就知道祖父是個好人，大家亦對北方警察刮目相看。

祖父來到香港大約一年左右，家裏來信說二哥在故鄉經常鬧事，問祖父可否替他在香港找份工作。祖父通過他的兄弟四處尋找，就幫他在碼頭上找了份苦力工作，雖然辛苦，但總算能賺到錢。最初來到的時候，可能一切新鮮，二爺還算規規矩矩。幾個月後，他賺了幾個錢，慢慢走進酒館，一沾酒就容易惹事生非，然後故態復萌，與人打架鬥毆，開始不務正業。

祖父收到消息，有一天二爺打傷了一個小流氓，人家找黑社會報復，要把他裝進麻包袋扔進海裏。為了保住二爺的性命，祖父立刻找人把他藏到一艘開往大連的貨船，在貨倉裏經大連跑回故鄉，行李由祖父隨後寄回來，才躲過一劫。結果二爺收到行李後，發覺自己值錢的東西都不見了，精神受到刺激，就鬧着要分家。消息傳到香港，祖父受不了，原本奶奶一個人在故鄉還有個照應，分家後她日子怎麼過？經過一個晚上的思考，就決定退役還鄉，找上司辭職。當時三年服役期只剩下四個月，上司又對祖父很滿意，就叫他回家住幾個月，薪金照發，然後再把家眷帶過來。但是，祖父還是選擇辭職回鄉。

幸好我喝酒把地敗光了

農民住家過日子，男人最大的責任是看好莊稼地。祖父儘管心地善良、明事達理，但嚴格來說他不是一個好農民。分家後，他與太爺一起住，分到13畝地，加上太爺的10畝養老地，合起來有23畝。他曾收起了年輕時的心氣，打算好好過日子。第二年春天，二爺服毒自殺，祖父因此精神沉淪，看戲和喝酒

這兩個愛好也更突出。二爺走了之後，祖父三天裏有兩天是找朋友到威海看戲，看完就喝酒。他還自己跑去買了套鑼鼓樂器放在家裏，定期召人來家又拉又唱，完了還是喝酒。

祖父回來的第二年，我大伯出生，1930年父親出生，後來又有兩個姑姑。家裏人口多，祖父還是又喝酒又看戲，沒錢用就把家裏的糧食拿去換酒，糧食沒了就開始賣地。每年賣一兩畝地，沒幾年就賣光了。後來要賣太爺的養老田，幸好太爺堅決不賣才保住了，就靠這十畝田地養活我們全家。因為祖父對莊稼不上心，父親13歲就下田幹活，很快就把莊稼的農活全部擔起來。

後來，每當說起賣地這件事，祖父總是提着鬍子說：「當年多虧我喝酒把地敗光，否則我們家肯定非被打成地主富農。」

其實祖父說的也對，正是因為沒了地，我們家變成窮光蛋，竟然使他的命運發生了變化。1945年，威海解放，祖父正值中年，沒有地也就沒錢喝酒，就響應號召和一些中、青年人在家裏開展一些進步活動。他人緣好，又有在香港當警察的經驗，除奸反霸方面有些好方法，引起上級和村裏的關注，慢慢發展成共產黨員。

1946年，威海雖然是解放區，但作為沿海前線，備戰任務很重。村裏因各種原因，幹部變化很快。祖父是新黨員，經區裏同意就指定他當村長。當時的書記也是新上任的，能說會道，有文化，後來被人誣告遭撤職查辦，很多事就壓到祖父身上。當時形勢複雜，作為一村主政者必須敢於鬥爭，而這正是他的弱項。祖父是一個老好人，所以就慢慢地退下來。我懂事時，每當祖父講起這段歷史，他總是津津樂道。他說那時村裏很複雜，許多人都要提心吊膽，怕被人陷害。他不怕，因為他沒做過虧心事。

我在1952年出生，大哥在1950年出生，兄弟姊妹共有七人。在1960年代，老大和老四參軍入伍，老三被推選為工家兵大學生，小老五當上中學老師，我也被選進威海市革命委員會

當秘書培養。雖然我們兄弟沒有非常出息的作為，但在那個時代的農村裏也很搶眼，這與家裏和祖父的日常教育直接相關，我們兄弟至今對祖父仍充滿感情。

現在回想，在這場近百年前威港兩地大移民的浪潮中，我祖父只是滄海一粟，像流星似的一閃即逝。他還鄉以後，經歷國家內亂、民族危機，皆以清醒頭腦和香港警察的機智建設家鄉。祖父一生別無奢求，平穩度日。即使「文革」動亂時代，不少還鄉的香港警察被視為「敵特」，捱整捱鬥，他老人家依然優哉悠哉。1982年，祖父去世，享年82歲。

本書香港威海衛警察名錄

警隊生涯

谷迅昭
1952年入伍

吳傳忠
1955年入伍

呂殿卿
1952年入伍

張錫鈞
1949年入伍

傅元直
1949年入伍

戚其昭
1955年入伍

劉守通
1953年入伍

叢子超
1952年入伍

大事憶舊

王禹生
1948年入伍

畢順海
1958年入伍

叢碧輝
1949年入伍

各展所長

王本宏
1950年入伍

邵金福
1955年入伍

宋清森
1952年入伍

谷敬齋
1949年入伍

林志敏
1950年入伍

苗豐禮
1952年入伍

戚其選
1951年入伍

後繼有人

王先伯
1977年入伍

王吉佳
（王先伯、王春錦父親）
1947年入伍

王春錦
1974年入伍

柏華智（戚本忠小舅）
1951年入伍

柏華禮（戚本忠大舅）
1939年入伍

戚本忠
1982年入伍

畢長勇（畢庶雄父親）
1947年入伍

畢庶雄
1965年入伍

叢書文
1975年入伍

叢培松（叢書文父親）
入伍年份不祥

追憶故人

谷源樑（谷煜昭父親）
1928年入伍

何明新
1976年入伍

邵學圃（邵粵辰祖父）
入伍年份不祥

邵恆馨（邵粵辰父親）
入伍年份不祥

連佩麟（陳玉華丈夫）
入伍年份不祥

楊錫珠（楊機臣祖父）
約1923-1924年入伍

徐鳳翔
入伍年份不祥

後記

　　威海衛警察是香港社會一個特殊的群體。他們的出現與香港新界和威海曾被英國租借的歷史事件有關。2006年10月，我們前往威海參加「晚清時期英國在華租借地歷史文化國際學術研討會」，會後萌生了兩地合作研究香港威海衛警察歷史的想法。

　　2010年4月21日香港的威海衛警察聯誼會上，在威海市市長孫述濤、特區政府康樂及文化事務署助理署長吳志華的見證下，嶺南大學香港與華南歷史研究部主任劉智鵬與威海市檔案局局長劉鵬簽署了合作研究香港威海衛警察歷史的協議。後來合作單位改為香港地方志辦公室與威海地方志辦公室，最後又變成與威海劉公島管委會合作。但無論合作單位如何變化，香港與威海合作的格局沒變，參與研究項目的主要人員也沒變。

　　香港方面負責搜集文字資料和口述歷史資料，威海則負責整理口述歷史資料。經過七年多辛勤工作，香港威海衛警察歷史研究終於完成。最終成果由兩邊分別編輯出書。威海方面編輯的簡體字版《香港威海衛警察紀事》特點在於盡量保留威海衛警察口述歷史原貌，對象是內地讀者；香港方面編輯的繁體字版《香港威海衛警察口述歷史》內容則經過精選、提煉，相對簡明扼要，方便香港及海外讀者閱讀。

　　香港威海衛警察是一個艱難的研究課題，能找到的文字資料非常有限，我們不得不從口述歷史着手，藉深入訪談，了解香港威海衛警察的人生經歷、情感及背後鮮為人知的故事，讓大眾看見他們真實的一面。

　　香港威海衛警察研究能夠順利進行，耄耋之年的吳傳忠先生厥功至偉。他本身是威海衛警察，亦擔任過香港警察隊員佐級協會主席。他不顧年事已高，全身心地支持此項研究計劃。吳先生利用自己廣泛的人脈網絡，熱心地說服及動員威海衛警

這五枚勳章由警察歷史收藏學會會長林建強先生從英國購得，引起了
退休香港威海衞警察吳傳忠先生追尋警察歷史的興趣。

察舊同事接受訪問和提供資料。他還親力親為聯絡安排，並陪
同劉蜀永教授進行口述歷史訪問，足跡遍及港九、新界。

　　吳先生不放過任何與威海衞警察有關的線索。為此他多次
飛往威海尋根溯源，並不斷與移居海外的威海衞警察及後人通
訊聯絡。為了撰寫回憶錄，他學會了電腦中文輸入法，並把自
己所知故人往事記載下來。本書編輯過程中，我們請他審閱的
稿件，他都逐一細看，並提出詳盡的修改和補充意見。老人家
更多次不顧路途遙遠，從沙田寓所跑到屯門的嶺南大學，或應
我們要求提供相片，或解答我們有關警察歷史知識、術語的疑
問。他為香港威海衞警察研究計劃付出的艱辛真是一言難盡，
令我們肅然起敬。

　　吳先生對威海衞警察歷史的興趣，源於警察歷史收藏學會
會長林建強先生向他查詢五枚勳章的來歷。這些勳章從英國倫
敦街上一間舊物店買回來，刻有香港戰前威海衞警察馬子仁的
名字及警號。林先生請吳先生代尋馬子仁的資料。適逢此時退

香港戰前威海衞警察馬子仁的名字及警號，他於1932年入伍，祖籍
威海衞小天東村。

休高級警司林堅向吳先生提起我們這個研究項目，吳先生發現
這與他正尋訪的事情不謀而合，決心把馬子仁當作第一個研究
目標。經過兩年多尋訪，他在威海找到馬子仁侄兒馬兆華，聽
他娓娓道來馬子仁的身世故事。

後來他四處尋找已故同袍的後人及親友，包括戰前香港威
海衞警察邵恆馨的侄兒和侄媳婦、夏元朝的次子夏繼高等。威
海衞警察的史跡就是這樣一點一滴地由片段的記憶編織起來。

我們要感謝所有接受我們訪問的威海衞警察前輩及其後
人，他們願意跟我們分享自身或父輩的身世經歷，慷慨地提供
圖文資料。香港威海衞警察的人生經歷十分豐富，可謂酸甜苦
辣，五味雜陳。其中部分回憶不堪回首，舊事重提需要很大的
勇氣，但他們還是坦然接受我們的訪問，為香港社會留下了真
實和珍貴的歷史資料。

香港威海衞警察合作研究計劃威海方面的項目承擔人是張
軍勇先生。他先後擔任威海市檔案局副局長、威海市地方志辦

公室副主任和劉公島管委會副主任，儘管職務一再變更，但他參與此項目的熱忱始終如一。他曾專程來香港查找資料。大部分口述歷史錄音稿都是經他整理成文的。若牽涉一些他不熟悉的專業用語，他會認真查閱資料，多方求證。許多工作是他犧牲工餘休息時間完成的。沒有他堅持不懈的努力，要完成此合作項目將遙遙無期。

香港威海衞警察合作研究計劃得以順利完成，與山東省和威海市政府部門的關心和支持分不開。2016年12月，山東省副省長、省公安廳廳長孫立成、威海市副市長、市公安局副局長葉立耘還親自率團來香港，舉辦「香港威海衞警察史研討暨聯誼會」，慰問威海衞警察前輩，並了解合作研究項目進展情況。

我們在香港地方志辦公室和嶺南大學香港與華南歷史研究部的同事章珈洛、茹穎婷參與過部分工作。姜耀麟、嚴柔媛則在本書文稿整理、校勘等方面付出大量心血。最後要感謝香港城市大學出版社慨允出版本書，讓香港威海衞警察的口述歷史得以流傳於世。

劉智鵬　劉蜀永
2018年10月25日於嶺南大學